特別活動のフロンティア

中谷 彪
臼井英治 編
大津尚志

晃洋書房

まえがき

　小学校、中学校、高校で過ごす時間で最も長くを占めるのは教科学習、すなわち授業をうける時間です。「教師は授業で勝負する」という言葉もあります。ところが、学校の卒業文集で「学校生活で一番の思い出」として学級での友達・仲間のこと、文化祭や合唱コンクール、体育祭、修学旅行、部活動などを挙げる人が多いようです。「特別活動」は学校生活の印象を左右する重要な活動ということではないでしょうか。「特別活動」は児童・生徒が学校に「居場所」を感じることができるかという問題に深くかかわることではないでしょうか。

　日本の小学校、中学校、高等学校の教育課程は、教科、道徳（小・中のみ）、特別活動、総合的な学習の時間の4領域からなります。そのなかで、特別活動は学級や学年、学校といった集団として行われる活動であること、人間形成に深くかかわること、体験的な活動が多いこと、人としての「在り方生き方」に深くかかわること、自主性や主体性が求められること、などといった特徴があると思われます。

　本書では、第Ⅰ部は特別活動に関係する原理的、理論的な事柄を扱いました。第Ⅱ、Ⅲ、Ⅳ部では小学校、中学校、高校の各段階における特別活動の各分野の、実践的な指導法について扱いました。第Ⅴ部では比較の試みとして、諸外国の特別活動について取り上げています。

　将来教育職員免許状を取得して教職に就くことを考えている大学生、短大生を主たる読者対象に考えています。本書を通して特別活動や教育全般のあり方についてさまざまに思考をめぐらすことによって、学習した成果を実際に役立てていただければ、編者にとってこれに勝る喜びはありません。

　終わりになりましたが、本書をフロンティア・シリーズの1冊として出版することを快諾してくださった晃洋書房の上田芳樹社長、編集で労をとってくださった丸井清泰氏、面倒な校正作業を引き受けてくださった福岡優子さんに、心からお礼を申し上げます。

　2008年2月

編者一同

第3刷にあたって

　この度の改訂にあたっては、小学校は2011（平成23）年、中学校は2012（平成24）年から全面実施、高校は2013（平成25）年から学年進行で施行される新しい学習指導要領に対応して、全体にわたって加除修正を行った。

　2011年3月

　　　　　　　　　　　　　　　　　　　　　　　　　　　　編　　者

目　次

まえがき

第Ⅰ部　特別活動の理論

第1章　特別活動の意義と特色 …… 2
1　特別活動の意義　(2)
2　特別活動の特色　(4)
3　特別活動と教師の指導　(6)
4　特別活動と教育行政の任務　(7)

第2章　特別活動の歴史 …… 9
1　自由研究　(9)
2　教科以外の活動　(10)
3　特別教育活動　(11)
4　特別活動　(11)
5　特別活動の名称の統一　(12)
6　特別活動の内容構成の統一　(13)
7　特別活動の充実　(14)

第3章　学校、学級、学年経営と特別活動 …… 15
1　学校経営と特別活動　(15)
2　学級経営・学年経営と特別活動　(16)
3　学級経営をめぐる動向と課題　(18)
4　学級経営と担任教師の学級経営能力　(19)

第4章　特別活動と家庭・地域の連携 …… 22
1　特別活動と家庭・地域の連携　(22)

2　情報の積極的な提供の機会　(23)
　　　3　開かれた教育活動の一層の展開を図る機会　(25)
　　　4　政府の教育理念や実践計画を伝達する機会　(27)

第5章　特別活動と他の教育活動との関連 ……………………… 29
　　　1　各教科との関連　(29)
　　　2　道徳教育との関連　(30)
　　　3　総合的な学習の時間との関連　(31)
　　　4　生徒指導との関連　(32)
　　　5　課程外活動との関連　(32)
　　　6　学力問題との関連　(33)

第6章　特別活動と国旗・国歌 …………………………………… 35
　　　はじめに　(35)
　　　1　特別活動における国旗・国歌と判例　(36)
　　　2　仏独英米の教育課程と国旗・国歌　(37)
　　　おわりに　(39)

　　　　　　　　第Ⅱ部　小学校の特別活動

第1章　学級活動の指導 …………………………………………… 42
　　　1　学級活動の内容　(42)
　　　2　学級経営案と学級活動　(43)
　　　3　学級担任の仕事　(44)

第2章　児童会活動の指導 ………………………………………… 48
　　　1　児童会活動のねらいと特質　(48)
　　　2　児童会活動の活動形態　(49)
　　　3　児童会活動の指導計画　(51)
　　　4　児童会活動の指導上の留意点　(51)
　　　5　児童会活動の評価　(52)

目　　次　v

第3章　クラブ活動の指導 …………………………………………… 55
　　1　クラブ活動のねらいと評価　(55)
　　2　クラブ活動の種類　(56)
　　3　クラブへの所属　(57)
　　4　クラブ活動の展開　(57)

第4章　学校行事の指導 ……………………………………………… 59
　　1　儀式的行事の指導　(59)
　　2　文化的行事の指導　(61)
　　3　健康安全・体育的行事の指導　(63)
　　4　遠足・集団宿泊的行事　(65)
　　5　勤労生産・奉仕的行事　(66)

第Ⅲ部　中学校の特別活動

第1章　学級活動の指導 ……………………………………………… 70
　　1　学校教育における学級活動　(70)
　　2　学級活動の内容　(70)
　　3　学級活動の指導　(72)
　　4　学級活動と学級経営　(73)
　　5　学級活動の評価　(74)

第2章　生徒会活動の指導 …………………………………………… 76
　　1　生徒会活動の現状　(76)
　　2　望ましい生徒会活動　(79)

第3章　学校行事の指導 ……………………………………………… 82
　　1　儀式的行事　(82)
　　2　文化的行事　(84)
　　3　健康安全・体育的行事　(86)
　　4　旅行・集団宿泊的行事　(88)

5　勤労生産・奉仕的行事　*(91)*

第4章　中学校部活動の指導 …………………………………… 94
　　　1　中学校部活動の位置づけ　*(94)*
　　　2　実態としての中学校部活動　*(94)*
　　　3　制度上の新しい動き　*(96)*
　　　　　——2008（平成20）年版学習指導要領での変化——
　　　4　部活動指導の考慮すべき特質　*(97)*
　　　5　中学校部活動の現代的問題　*(98)*
　　　6　これからの中学校部活動の課題　*(99)*

第Ⅳ部　高校の特別活動

第1章　ホームルーム活動の指導 …………………………………… 102
　　　1　高校におけるホームルーム活動の意義　*(102)*
　　　2　高校におけるホームルーム指導の展開　*(103)*

第2章　生徒会活動の指導 …………………………………… 108
　　　1　5つの活動内容　*(108)*
　　　2　組織された生徒会　*(109)*
　　　3　教師の指導の留意点　*(111)*

第3章　学校行事の指導 …………………………………… 114
　　　1　儀式的行事　*(114)*
　　　2　文化的行事　*(115)*
　　　3　健康安全・体育的行事　*(116)*
　　　4　旅行・集団宿泊的行事　*(119)*
　　　5　勤労生産・奉仕的行事　*(121)*

第4章　高校部活動の指導 …………………………………… 124
　　　1　高校部活動の位置づけ　*(124)*
　　　2　高校部活動の歴史と実態　*(125)*

3　高校部活動の指導・運営上の特質　（126）
　　　4　高校部活動の本分と課題　（127）

第V部　諸外国の特別活動

第1章　アメリカの特別活動 …………………………………… 130

第2章　イングランドにおける特別活動 …………………… 132

第3章　ドイツにおける特別活動 …………………………… 134

第4章　フランスの特別活動 ………………………………… 136
　　　1　フランスの小学校における特別活動　（136）
　　　2　フランスの中学校・高校における特別活動　（136）

第5章　韓国の特別活動 ……………………………………… 139
　　　1　国家水準の「特別活動教育課程」の構造　（139）
　　　2　国家水準の「特別活動教育課程」の内容　（139）
　　　3　「特別活動教育課程」の編成・運営時間　（140）
　　　4　特別活動の実践事例　（141）

第I部

特別活動の理論

第1章 特別活動の意義と特色

1 特別活動の意義

1 特別活動の意味と変遷

　特別活動（special activities）とは、初等教育（小学校など）と中等教育（中学校、高校など）の教育課程における教科外活動・学科外活動の1領域のことである。

　特別活動の起源は、古代や中世にまでさかのぼるといわれているが、学校の重要な教育活動として位置づけられるようになったのは、19世紀末のアメリカにおいてである。

　日本の学校教育においては、明治初期の頃から運動会や儀式などの学校行事が実施されてきたが、教育活動としての特別活動が注目されてくるのは、アメリカの教育が導入されることになった戦後になってからである。

　1947（昭和22）年の学習指導要領（試案）では、自由な研究やクラブ活動や委員会活動が「自由研究」として教科に位置づけられていたが、1949（昭和24）年に、中学校・高校については「自由研究」を廃して「特別教育活動」が、小学校については、1951（昭和26）年の学習指導要領の改訂によって「教科以外の活動」が正規の教育活動として教育課程に位置づけられた。かくして、児童会（生徒会）活動・クラブ活動・学級（ホームルーム）活動が全国の小学校・中学校・高校において実施されることになった。

　1958年の学習指導要領の改訂では、学習指導要領を『官報』に「文部省告示」として公示し、法的拘束力を付与するものとして争論を起こしたが、そこでは、教育課程の編成を各教科・道徳・特別教育活動・学校行事等の4領域で構成する（小・中）ものとしていた。

　1968（昭和43）年、1969（昭和44）年の学習指導要領の改訂では、それまでの特別活動及び学校行事等の2領域を統合して1領域となり、それ以降、小学校・中学校における教育課程は、各教科、道徳及び特別活動の3領域によって編成されることになり、さらに、1998（平成10）年、1999（平成11）年の改訂に

よって、「総合的な学習の時間」が創設され、再び4領域となった。しかし2008年の改訂で、小学校に「外国語活動」が入り、小学校は5領域になった。

2　教育課程編成の方針と特別活動

教育課程編成の一般方針は、学習指導要領の「第1章総則」に示されている。それによると、教育課程の編成の基本原則については、

>「各学校においては、教育基本法及び学校教育法その他法令並びにこの章以下に示すところに従い、児童の人間として調和のとれた育成を目指し、地域や学校の実態及び児童の心身の発達段階や特性を十分考慮して、適切な教育課程を編成する」

と明記している。教育課程の1領域である特別活動を進めていくに際しては、この趣旨に則って行われなければならない。

この場合の教育課程の編成者とは、各学校において教育に携わっている校長と教職員たちという意味である。校長を中心とする教職員一同が、法令及びこの章以下に示すところに従い、児童の人間として調和のとれた育成を目指し、地域や学校の実態及び児童の心身の発達段階や特性を十分に考慮して、教育課程を編成していくのである。

小学校、中学校、高校、中等教育学校、特別支援学校の小学部・中学部・高等部の課程における特別活動は、各学校が正規の教育課程として実施する活動とされている。これらの課程では、特別活動として必ず実施しなければならない事項が学習指導要領に定められている［高等専門学校でも特別活動が行われる（高等専門学校設置基準第17条第5項）］。

3　特別活動の目標と内容

特別活動の目標については、小学校の場合、小学校学習指導要領の「第6章　特別活動」の「第1　目標」に、次のように定められている。

>「望ましい集団活動を通して、心身の調和のとれた発達と個性の伸長を図り、集団の一員としてよりよい生活や人間関係を築こうとする自主的、実践的な態度を育てるとともに、自己の生き方についての考えを深め、自己を生かす能力を養う。」

中学校学習指導要領（と高等学校学指導要領）もほぼ同様で、次のように定められている。

　「望ましい集団活動を通して、心身の調和のとれた発達と個性の伸長を図り、集団や社会の一員としてよりよい生活や人間関係を築こうとする自主的、実践的な態度を育てるとともに、人間としての生き方についての自覚を深め、自己を生かす能力を養う。」

　小学校の特別活動の目標と比べると、中学校・高校の目標には「社会」が追加され、「自己の生き方についての考えを深め」に代って「人間として生き方についての自覚を深め」と表現を変更している。おそらくこれは、「児童」と「生徒」の「心身の発達段階や特性」を考慮した結果であって、小学校での「望ましい集団活動を通して、心身の調和のとれた発達と個性の伸長を図り、集団の一員としてよりよい生活や人間関係を築こうとする自主的、実践的な態度を育てる」目標を超えて、さらに高次元の「人間としての生き方についての自覚を深め、自己を生かす能力を養う」ことを特別活動の目標として設定したものと考えられる。

　次に、特別活動の内容構成であるが、小学校では、学級活動、児童会活動、クラブ活動、学校行事、中学校・高校では、学級活動、生徒会活動、学校行事である［中学校・高校においてクラブ活動がないが、これは、2002年（平成14年）から2003年（平成15年）施行の学習指導要領において、廃止されたためである］。

　このうち、学校行事としては、(1)儀式的行事、(2)文化的行事、(3)健康安全・体育的行事、(4)遠足・集団宿泊的行事、(5)勤労生産・奉仕的行事が予定されている。

2　特別活動の特色

　特別活動の目標と内容を見てきたが、特別活動は、教育課程を構成する他の領域である各教科や道徳、総合的な学習の時間、小学校「外国語活動」と比べると、幾つかの特色を有していることが指摘できる。

　1つは、集団的な活動を通して、特別活動の目標を達成しようとすることである。特別活動の内容は、集団的な活動を中心とする教育活動であるということである。学級（ホームルーム）活動、児童会（生徒会）活動、クラブ活動、学校

行事のどれをとってみても、集団的活動であり、集団的な活動を通して、特別活動の目標を達成しようとするものである。

　２つは、異年齢集団や全校単位で展開される活動であるということである。学級活動は確かに学級を単位にして展開されるものであるが、その活動は教科指導のそれとは目的が異なっている。それは、集団的活動を通して、集団の一員としての自覚を深めたり、自主的、実践的な態度や生き方を育てたりすることを目標とするのである。しかし、児童会活動、クラブ活動、学校行事になってくると、学級や学年を越えて行われる活動であり、運動会（体育祭）や文化祭や児童会などは、全校的な規模で行われる活動である。

　３つは、心身の調和のとれた発達を実現する活動であるということである。特別活動は教育課程の１領域であることから、その活動は、教育課程編成の目標である「児童に生きる力をはぐくむ」ために、「心身の健全な発達や健康の保持増進などについての関心を高め、安全な行動や規律ある集団行動の体得、運動に親しむ態度の育成、責任感や連帯感の涵養、体力の向上」などに資するものであらねばならない。

　４つは、個性の伸長を図る活動であるということである。特別活動は、「児童に生きる力をはぐくむ」ために、「基礎的・基本的な知識及び技能を確実に習得させ、……個性を生かす」ように努めなければならない。個性は、基礎的・基本的な学力の定着の上に花開くものであって、個性が独立して伸長するものではない。多様な特別活動を通して、個性を発見し、それを育んでいくことが期待されるのである。

　５つは、自主的、実践的な態度を育成する活動であるということである。教育活動一般においても、児童生徒の自主的、実践的な取り組みや姿勢が重要であるが、特別活動では、特に重要であると言わなければならない。学級会活動、児童会活動、クラブ活動、学校行事においては、学級や学校における生活上の諸問題の解決、学校生活の充実と向上のための諸活動が求められる。こうした問題解決や創造的活動のためには、児童生徒の自主的、実践的な態度や姿勢を育てていくことが大切である。

　６つは、人間としての生き方についての自覚を深める活動であるということである。集団の一員としての自覚、他人との協力の精神、よりよい生活を築こうとする態度と姿勢を育てることは、人間として如何に生きるかを考え、実践していく活動でもある。特別活動はいずれも、友人や仲間との協力や話し合い

や体験等を通して、人間としての生き方を模索していく活動を内容としている。

7つは、自己実現を目指す活動であるということである。特別活動では、各教科や道徳において習得した知識や技術や考え方を活用しながら、集団のなかで集団的活動を通して心身の発達を実現し、個性を伸ばし、自主的、実践的な態度を育成し、自己を生かす能力を養っていく。それは、自己発見の活動であり、自己実現の活動である。全教育課程を通して、児童生徒は心身ともに成長と発達を達成し、個性を伸長させながら、「人格の完成」した人間、「調和のとれた人間」へと向かうのである。

3 特別活動と教師の指導

特別活動の指導に当たって、教師が留意しなければならない点について述べておきたい。

1つは、特別活動は教育課程の5領域のうちの1つであるので、特別活動の教育指導に当たっては、教育課程編成の全体構想のなかで適切に位置付けながら展開していかなければならないということである。学校の教員は、全体の教育課程の編成のなかで、バランスのとれた、適切な特別活動の教育課程を編成していくことを通して、児童生徒の調和のとれた成長と発達を実現していくことが要請される。

2つは、教育改革の流れや教育課程改訂のキー・コンセプトを踏まえながら、特別活動の教育課程編成や授業展開をしなければならないということである。学習指導要領はほぼ10年ごとに改訂されるが、改訂に当たっては、その時々の教育改革の目標が盛り込まれる。例えば、新学習指導要領のキー・コンセプトは、「生きる力をはぐくむ」である。特別活動の指導に当たっても、こうしたキー・コンセプトが大切にされなければならない。

3つは、特別活動は教育課程の5領域のうちの1つであるが、特別活動はその固有の教育力を発揮するように努めなければならないということである。教育課程全体との調和とバランスを図る必要のあることは既に述べてきたが、このことは、特別活動がその全体の教育課程のなかに埋没してしまってよいということでは毛頭ない。特別活動は、各教科や道徳と違って、集団活動を通して、心身の調和のとれた発達と個性の伸長を図り、自主的、実践的な態度を育てていくという固有の性格と機能を有している。この固有の性格と機能を発揮して

いくことは、教員の教育指導力にかかっていると言わなければならない。

　4つは、特別活動の指導は、教員の教育的指導力が比較的大きい領域であるということである。特別活動には教科書もないし、教科のように明確な到達目標や方法に関する詳細な取り決めもない。その分、教員の自由裁量に委ねられている部分が多い。このことは、特別活動の成否は、教員の教育的指導力に大きく左右されるということを意味する。特別活動の指導に当たっては、教員はその活動の趣旨を十分に理解して展開していくことが望まれる。

　5つは、特別活動の指導に当たっては、教員は児童生徒の自主性、自律性を大切にし、実践力を養うことを通して、「自ら学び自ら考える力」を育成し、「生きる力」を育んでいかなければならないということである。特別活動の領域こそ、児童生徒の自主性、自律性が尊重され、生かされなければならない。児童生徒は、そうした活動を通して、自ら学び、互いに協力し合い、「生きる力」を育てていくのである。この学習過程において、教員の適切な教育的指導と支援が行われるのである。

4　特別活動と教育行政の任務

　教育基本法が掲げる「人格の完成」した人間や「心身ともに健康な国民」を育成していくという教育目的実現のためには、学習指導要領が予定する各教科、道徳、特別活動がすべて有機的に関連し合い、且つ円滑に展開されて、それぞれの目標が達成されることが望ましい。しかしながら、実際の学校教育においては理想通りに展開されていると言えない現実がある。それは、なぜか。

　1つには、今日の学校教育においては、受験学力の育成が重視され、教科指導優先の考え方が強いことが指摘できる。とりわけ学力低下が叫ばれ、しつけ教育の徹底が強調される昨今では、特別活動が軽視される傾向にある。有名校進学を標榜する国・公・私立学校では、教科指導には熱心であるが、特別活動を軽く扱う傾向が見られる場合が少なくない。

　この傾向は、特別活動に限らない。受験に必要でない科目を履修させないという事例が続出したことにも示されている。こうした恣意や勝手を許していては、学習指導要領の総則の記述は意味を持たないであろう。学校教育関係者はもとより、教育行政関係者も、襟を正すべきであろう。

　2つには、特別活動を充実させていくための人的・物的・財政的条件が不十

分であることが指摘できる。

　人的条件についていえば、特別活動を担当する専門的教員が配置されていないことである。例えば、小学校における教科や道徳の担当者は原則的には学級担任であるが、特別活動を担当する教員については校務分掌で決められる場合が多い。それゆえに特別活動の担当者の場合、必ずしも適材適所の配置とは言えない場合があり得る。得意でない特別活動の指導を任される場合も少なくない。小規模の学校では、複数の指導を担当することもあり得る。仕方なく指導を担当するのでは、教員の能力も十分に発揮できないであろう。

　また、小・中学校の教員の平均年齢が50歳前後という現状を考える時、クラブ（部）活動、とりわけスポーツクラブを適切に指導する教員を配置することが困難になってきているという状況がある。

　学級または教科の教員が特別活動も担当するという勤務状態は、抜本的に見直される時期に来ているのではなかろうか。

　物的条件についていえば、特別活動に必要な備品や施設が十分ではないことである。例えば小学校の音楽クラブの活動の場合、楽器が足りなかったり、音楽室がなかったりする場合がある。運動クラブの場合、運動用具が不足していたり、校庭が狭かったり、校庭を使用する運動クラブが競合して危険な場合があったりする。施設・設備の充実に教育行政は努力すべきである。

　財政的条件についていえば、学校予算の充実を教育行政当局は図るべきであるということに尽きる。上に述べた事例でいえば、楽器や運動用具の購入のためにPTAの廃品回収費やバザー販売代金に依拠することなどは、本来のPTA活動の在り方を歪めるとともに、自らの責務を他の転嫁するものとして、厳に慎むべきである。

　土曜日や日曜日に行われる特別活動の行事、例えばスポーツクラブの試合の引率教員の手当てなどは余りにも低く、もっと手厚くする必要があろう。

参 考 文 献

細谷俊夫他編集『教育学大辞典』（全6巻）、第一法規出版、1978年。
宮川八岐編集『全訂特別活動読本』教育開発研究所、2000年。
相原次男・新富康央編著『個性をひらく特別活動』ミネルヴァ書房、2001年。
中谷　彪・浪本勝年編著『現代教育用語辞典』北樹出版、2003年。
原清治編著『特別活動の探究』学文社、2007年。

第2章　特別活動の歴史

　特別活動の歴史を振り返ってみると、戦前までの日本の学校教育においても特別活動の前身といえるいろいろな教科外の教育活動が実施されていた。それらは各種儀式や運動会、学芸会、遠足などの学校行事が中心であり、教科学習とは違った意義を持つものとして、一定の役割を担っていた。しかし、それらの活動の多くは「課外活動」として扱われるものであった。

　戦後、新憲法の下に平和的、民主的国家の形成者にふさわしい個性豊かな国民を育てることを目的に新教育が展開された。特別活動は、人間形成上重要な意味を持つものと認識されるようになり、徐々に構築されて教育課程のなかの独自の領域として位置づけられてきた。本章はその成立過程を学習指導要領の変遷に依拠しながら概観する。

1　自由研究

　現在の学校教育における特別活動は、1947（昭和22）年の学習指導要領一般編（試案）において「自由研究」が小学校、中学校、高校の教科課程のなかに位置づけられたことに始まる。

　自由研究は、児童・生徒の個性の赴くところに従って、それを伸長させることをねらいとするもので、戦後の経験重視の教育観から設けられた。小学校の場合をみると、その内容は次のとおりである。

　　① 教科の学習における個性に応じた自発的発展的な学習
　　② クラブ組織による活動
　　③ 当番や学級委員の活動

中学校・高校においても、内容、開設理由は同様である。

　自由研究の内容には、部分的に今日の特別活動に相当するものが含まれる。この点で、自由研究は特別活動の教育課程化の先駆的意味をもつものであった。ただし、教科の学習の時間である自由研究のなかにクラブ活動や当番・学級委

員の活動を入れたことには無理があり、それら枠内に入らない活動を教科外に位置づける必要が生じた。

2 教科以外の活動

　1951（昭和26）年の学習指導要領の改訂で、小学校においては自由研究に代わって「教科以外の活動」が設けられることになった。その理由として、教科の発展的学習の分野は、各教科の学習指導法の進歩とともに学習の時間内に目的を果たすことができるようになったこと、また児童の集会やクラブ活動などの教科以外の教育的に有効な活動を包括して教育課程のうちに正当な位置づけをする必要があることなどが述べられている。内容例としては次のような具体的な活動が示されている。

　　（a）民主的組織のもとに、学校全体の児童が学校の経営や活動に協力参加する活動
　　　　①児童会　　②児童の種々な委員会
　　　　③児童集会　④奉仕活動
　　（b）学級を単位としての活動
　　　　①学級会　　②いろいろな委員会
　　　　③クラブ活動

　中学校ではこれより先、1949（昭和24）年の文部省通達で自由研究に代わって「特別教育活動」が設置されており、1951年の改訂はそれを受け継いだものであるが、その内容はホームルーム、生徒会、クラブ活動、生徒集会が主要なものであった。特別教育活動について1951年の学習指導要領では、正課の外にあって正課の次にくるものではないとし、「教科を中心として組織された学習活動でないいっさいの正規の学校活動」と規定している。

　高校でもこの改訂で自由研究に代わって「特別教育活動」が設けられた。その内容は中学校とほぼ同じであり、「教科に重点をおき過ぎるあまり特別教育活動が軽視されることのないように注意しなければならない」と述べられている。

　この改訂では教科以外の活動の範囲が広く、小学校では時間配当が示されていないこともあって、各学校における実施状況はまちまちであった。

3　特別教育活動

　1958（昭和33）年教育課程に関する学校教育法施行規則が改正され、小・中学校の教育課程は、各教科、道徳、特別教育活動および学校行事等の4領域編成、高校は、各教科、特別教育活動および学校行事等の3領域編成となった。
　従来、学習指導要領は試案という形式で示されていたが、これを受けて同年、文部省は初めて告示という形式で公布した（高校は1960年）。これは学習指導要領に法的拘束力を持たせるものであった。この時、小学校における「教科以外の活動」は「特別教育活動」と改められ、小・中学校・高校統一の名称となった。
　特別教育活動について学習指導要領には、目標、内容、指導計画作成および指導上の留意事項が示されているが、目標には小・中学校・高校とも児童・生徒の自発的な活動を通して個性の伸長を図ることがかかげられている。内容は小学校では児童会活動、学級会活動、クラブ活動、中学校では生徒会活動、クラブ活動、学級活動、高校ではホームルーム、生徒会活動、クラブ活動が挙げられた。これらの指導上の留意点としては、やはり児童・生徒の自発性、自主性を尊重することが明示されている。
　この1958（昭和33）年の改訂の「特別教育活動および学校行事等」によって、現在の特別活動の原型ができあがったといえよう。

4　特 別 活 動

　1968（昭和43）年小学校、1969（昭和44）年中学校の学習指導要領の改訂が行われ、特別教育活動と学校行事等が統合されて新たに「特別活動」が設けられた。高校においても1970（昭和45）年の改訂で2領域が統合され、「各教科以外の教育活動」となった。特別教育活動と学校行事等は、本来学校生活をより充実発展させる性格をもつものであるが、自発的、自治的活動を旨とする特別教育活動と学校の計画的活動の傾向が強い学校行事等を統合することにより、両者の関連性を深め、両者の長所を生かし合い、教育的効果を高めようとするものであった。
　小・中学校の教育課程は、各教科、道徳、特別活動の3領域となり、特別活

動の内容構成は、児童（生徒）活動、学校行事、学級指導の3つとなった。児童（生徒）活動は、従来の児童会（生徒会）活動、学級会活動、クラブ活動をまとめたものである。このうち中学校におけるクラブ活動は全生徒必修が明示された。

学校行事の種類は小学校では儀式、学芸的行事、保健体育的行事、遠足的行事、安全指導的行事があり、中学校では儀式的行事、学芸的行事、体育的行事、修学旅行的行事、保健・安全的行事、勤労・生産的行事がある。

学級指導は、増大した少年非行の問題などに対応して新設されたもので、学級を単位として生徒指導の充実を目ざすものであった。その内容は小学校では学校給食、保健指導、安全指導、学校図書館の利用指導その他、中学校では個人的適応に関すること、集団生活への適応に関すること、学業生活に関すること、進路の選択に関すること、健康・安全に関することとなっている。

なお、高校の各教科以外の教育活動の内容構成は、ホームルーム、生徒会活動、クラブ活動、学校行事の4つである。

5 特別活動の名称の統一

1976（昭和51）年、教育課程審議会は「教育課程の基準の改善」について、「人間性豊かな児童生徒を育てること」「ゆとりあるしかも充実した学校生活が送れるようにすること」等の答申をした。背景には、教科内容の高度化と受験戦争の激化が過度の詰め込み教育を招き、落ちこぼれ、不登校、非行などの深刻な問題が発生していたことがある。答申の方針に基づき、小・中学校は1977（昭和52）年、高校は1978（昭和53）年に学習指導要領の改訂が行われ、教科の授業時数の軽減と教科内容の精選がなされた。小学校において初めて特別活動の授業時数が定められ、中学校でも授業時数が増加したことは豊かな人間性を育む特別活動の意義が再確認されたといえる。また、新設の「ゆとりの時間」も特別活動に活用できるものであった。

この期の改訂においては、高校進学者の増大という社会情勢をふまえて、小・中学校・高校の関連を密接にし、一層の充実を図るようにした。高校でも「各教科以外の教育活動」から「特別活動」へと名称を統一し、小・中学校・高校の目標もほぼ同一のものとした。すなわち「望ましい集団活動を通して、心身の調和のとれた発達を図り、個性を伸長するとともに、集団の一員として

の自覚を深め、協力してよりよい生活を築こうとする自主的、実践的な態度を育てる」（高校——実践的態度を育て、将来において自己を正しく生かす能力を養う）となっている。

この期の改訂として特筆すべきは、勤労に関わる体験的学習が重視され、小学校の学校行事のなかにも勤労・生産的行事が加えられたことである。

⑥ 特別活動の内容構成の統一

1987（昭和62）年、教育課程審議会は、特別活動について「望ましい人間関係の育成、基本的な生活習慣の形成、心身の健康と安全な生活、日本人としての自覚、個人及び社会の一員としての在り方、公共に奉仕する精神の涵養、適切な進路の選択・決定などにかかわる指導の一層の充実」と改善の方針を示した。

この趣旨を受けて、1989（平成元）年小・中学校・高校の学習指導要領がそろって改訂された。この改訂でも小・中学校・高校の一貫性が重視され、特別活動の目標はほぼ同一であるが、中学校（高校）では目標に「人間としての（在り方）生き方についての自覚」が加えられた。

この期の改訂では、小・中学校ではこれまでの児童（生徒）活動のうちの学級会活動と学級指導を統合し、「学級活動」が新設された。その内容は①学級や学校の生活の充実と向上に関すること、②日常の生活や学習への適応及び健康や安全に関することなどである。その結果、小・中学校・高校ともに特別活動の内容構成は学級活動（高校ではホームルーム活動）、児童会（生徒会）活動、クラブ活動、学校行事の4つとなった。

学校行事については体験的活動や勤労、奉仕の精神を涵養する観点から、「遠足・旅行的行事」が「遠足・集団宿泊的行事」に（中学校・高校は「旅行的行事」が「旅行・集団宿泊的行事」）、「勤労・生産的行事」が「勤労生産・奉仕的行事」に改訂された。

また、中学校・高校ではクラブ活動は部活動で代替できるなど弾力的な実施が可能となった。

この期の改訂で特筆すべきは、国旗及び国歌の指導強化である。従来、国民の祝日などにその意義を理解させるとともに国旗を掲揚し、国歌を斉唱させることが「望ましい」とされていたものが、「入学式や卒業式などにおいては、

その意義を踏まえ、国旗を掲揚するとともに、国歌を斉唱するよう指導するものとする」と明示された。

7　特別活動の充実

　1998（平成10）年の学習指導要領改訂（高校は1999年）では、「総合的な学習の時間」が新設され、また完全学校5日制の実施を前提とした教育活動のなかで、「生きる力」を育成することが求められた。特別活動では、個性の伸長と豊かな人間性の育成をはかり、自主的、実践的態度を育てるという従来の目標を継承しながら、「生きる力」の理念に沿っていくつかの改訂が行われた。

　そのひとつに、ボランティア活動の重視がある。小学校では学校行事の勤労生産・奉仕的行事の中にボランティア活動を加え、「社会奉仕の精神を涵養する体験が得られるような活動を行うこと」とされた。中学校・高校では学級（ホームルーム）活動において「ボランティア活動の意義と理解」をとり上げ、生徒会活動と学校行事の中に新たにボランティア活動が加えられた。

　そのほか、ガイダンス機能の充実、家庭や地域との連携、自然体験や社会体験の充実などが求められている。

　内容構成は、中学校・高校のクラブ活動が部活動や学校外活動などとの関連を考慮して廃止され、学級（ホームルーム）活動、生徒会活動、学校行事の3つになった。

　2008（平成20）年、学習指導要領が改訂（高校は2009年）され、特別活動は「生きる力」の理念を継承しつつ、全体目標に「人間関係力」の育成が加えられた。これは今日の社会の人間関係の希薄化・空洞化に対応するものであり、学校教育の現代的課題である。また、小学校では「自己の生き方についての考えを深め、自己を生かす能力」の育成が加えられた。

　それに伴って、各活動内容ごとに全体目標を受けた目標が示され、各活動のねらいや意義が従来にもまして明確となった。

　戦後発足した特別活動は、その時代時代の要請に応えて教育的役割を果たしながら整備され、教育課程のなかで重要な位置を占めることになった。多くの教育課題に直面する今日の学校現場にあって、特別活動の担う役割はさらに大きくなった。

第3章　学校、学級、学年経営と特別活動

　近年、学校教育の現場では、子ども集団におけるいじめの深刻化や学校・教師に対して"理不尽"とも思える要求をする保護者・地域住民の増加、教職員の「同僚性」（支えあう仲間としての意識）の希薄化など、子ども・保護者・教師間の人間関係をめぐる様々な問題が指摘されている。また、それに伴い、保護者・地域住民との新たな関係を構築しながら、子どもを主体とした教育課程の編成を図り、総意工夫を生かした特色ある学校づくりがめざすべき姿として描かれ、学校の主体的・自律的な経営の重要性が唱えられている。

　本章では、学校に主体性・自律性が求められる時代にあって、子ども相互と子どもと教師の人間関係の構築に大きな役割を担う特別活動をマネジメントの側面から支える学校、学級、学年経営について、それらのあり方と動向、課題について論じていきたい。

1　学校経営と特別活動

　公教育制度の一環として位置づけられている学校は、子どもの「教育を受ける権利」（憲法第26条）の保障という教育目的を実現するための機関または組織である。この教育目的のより良い達成に向けて、学校を1つの組織体として管理運営する営みが「学校経営」である。すなわち、学校経営とは、教育の目的を効果的に達成するために、学校の諸組織・諸施設設備を管理運営することであると定義づけることができる。

　学校経営の領域は、①児童・生徒の管理、②教職員の管理と指導、③教職員組織、④教育活動の経営、⑤学年・学級経営、⑥学校施設・設備の経営、⑦学校行事の経営、⑧進学と就職、⑨学校財政、⑩指導助言、⑪学校評価、⑫学校と家庭の連携、⑬学校と地域社会、⑭学校とマスコミ、などきわめて多岐にわたっている。ある論者の指摘に従えば、その中核的領域は、「学校教育の目的を達成するという意味において、あくまでも教育実践活動を基盤に置くものでなければならない」[1]。すなわち、前記の領域分類でいえば、④・⑦な

どの教育実践活動に関する経営を中心に、他の経営が位置づけられるということである。

近年では、学校と教育委員会、学校と家庭・地域社会との関係が見直されるなかで、学校経営体制と責任の明確化が改善課題とされ、各学校が校長のリーダーシップのもと、教職員が一致協力して教育課程の編成など学校経営にあたることが求められている。また、環境と学校との適合を図るため、学校が経営戦略を策定し、目標、計画、機能などについて優先順位を決めたり、選択したり、修正を図ることの大切さが唱えられている。

教科外教育としての特別活動は、生活指導（生徒指導）と並んで、学校における教育活動の重要な部分を占めるものである。学習指導要領では、その内容は、学級（ホームルーム）活動、児童会（生徒会）活動、クラブ活動（小学校のみ）、学校行事からなっている。また、この他に、部活動の指導がある。これらのなかには、学級を単位とする集団のほかに、学級や学年の枠を超えた集団による活動が含まれている。特別活動は、一人ひとりの児童・生徒が様々な集団に所属して活動することによって、児童・生徒の人間関係が多様になり、生活体験も豊富になるなど、他の教育内容とは異なる意義が認められる。また、それぞれの内容は、ある文書も述べているように、「相互の密接な関連を図ることによって、特別活動の全体が充実し、その目標を達成していくこともできる」[2]。こうしたことから、学校経営においては、「入学から卒業までを見通した学校としての特別活動の全体の指導計画、各内容ごとの指導計画を立てていくことが必要である」[3]。子どもの"生きる力"や他者とのコミュニケーション能力の育成が求められるなかで、特別活動のさらなる充実を学校経営上の課題として位置づけるとともに、経営戦略を持つマネジメントという視点から、特別活動の目標、内容、指導計画のあり方を再構築していくことが望まれる。

2 学級経営・学年経営と特別活動

学校経営の中核的要素である教育実践活動に関する経営は、日常的には、大部分が、学級または学年における教育実践活動を通して遂行される。一般に「学級担任制」をとる小学校と「教科担任制」をとる中学校・高校とでは、「学級づくり」のウェートの置き方に違いが見られるものの、基本的に学級（ホームルーム）が、学習または生活の場として子ども相互と子どもと教師の人間関

係をつくりだす母体であることに変わりはない。従って、学校教育活動の主たる場としての学級・学年経営のあり方については、学校経営における重要領域としてとらえられる必要がある。

　ある論者によれば、「学校経営と学級経営の関係は、全体と部分という関係にあるということができる」[4]。この場合の全体と部分との関係は、各々の独自性と主体性を認め合い、ともにその存在と活動とが生かされるべきものであり、その意味で、「学校経営と学級経営は同じ教育方針・理念のもとに経営されることが望ましいという関係にあるが、学級経営は独自の主体性と創造性を持つと同時に、他の学級経営を刺激し、学校経営にその成果を還元していくというものでなければならない」[5]。学年経営は、こうした学級経営の延長線上に位置し、学級の枠を超えて学年全体として取り組むことが求められる。学級は他の学級と連携し、相互に刺激しあいながら、経営されていかねばならない。特に同じ学年の学級経営は相互に協力しあっていくことが必要である。その意味で、学年主任を中心とした学年会議が民主的・協働的な形で開かれ、学年の各教師のより良い教育実践活動を交流しあい、学びあえるようなものであることが望まれる。

　特別活動のうち、とりわけ、学級（ホームルーム）活動は、学級を場として学級担任教師（以下、担任教師）が指導にあたるものである。すなわち、学級活動においては、小学校では、「望ましい人間関係を形成し、集団の一員として学級や学校におけるよりよい生活づくりに参画し、諸問題を解決しようとする自主的、実践的な態度や健全な生活態度を育てる」（小学校学習指導要領）ことが目標とされ、特別活動の授業時数（年間34～35時間）は、この学級活動に充てるものとされている。具体的な内容として、「学級や学校の生活づくり」、「日常の生活や学習への適応及び健康安全」が掲げられている（中学校・高校では、さらに「適応と成長」、「学業と進路」が挙げられている）。このように、学級は、学校における児童・生徒の学習または生活の単位組織として、学級としての固有の活動が行われるとともに、学校における様々な活動の基盤としての役割を果たすものである。それゆえ、ある文書が指摘するごとく、「学年や学校全体の協力体制の下に、意図的・計画的に学級経営を進め、生徒が心理的に安定して帰属できる『心の居場所』としての学級づくりに心掛けることが大切である」[6]。

3 学級経営をめぐる動向と課題

　学級または学級経営のあり方が大きく問われることになったのは、1990年代後半以降のいわゆる「学級崩壊」（または「小1プロブレム」）問題に端を発しているといってよい。「学級崩壊」とは、一般に、教師の指導を受け入れない、授業が始まっても教室内を立ち歩く、私語が多い、突然奇声を発したり物を投げるなど、子どもたちが教室内で勝手な行動をして教師の指導に従わず、授業が成立しないという「学級がうまく機能しない状況」を意味している。小学校低学年にまで及ぶこうした状況の背景・要因として、子どもたちの生活リズムの乱れや自制心・規範意識の希薄化、教師の指導力の未熟さ、教員の高齢化といびつな年齢構成などが指摘された。また、そのなかで、学級編制及び教職員配置の見直しによる少人数授業や、LD（学習障害）、ADHD（注意欠陥多動性障害）、アスペルガー症候群など「発達障がい」を持つ子どもへの支援・対応についても議論されるにいたった。

　学級というシステムは、日本の公教育が制度化されるプロセスのなかで成立し（1886年「小学校ノ学科及ビ其程度」、1891年「学級編制等ニ関スル規則ノ事」等）、学校制度の発展とともに一般化され、現在にいたっている。学級は、一般には、「教育機関における基本的な単位集団であって、教育目標の実現とその効率を上げるために組織された被教育者の集団」などと定義づけることができるが、すでに述べたように、学校教育において子どもの成長・発達のために組織された学習または生活のための基本単位として位置づいている。しかし、近年、「個性教育の推進」「個に応じた指導の充実」「確かな学力の確立」などをスローガンとする教育改革・授業改革の展開のなかで、中学校における選択教科の拡大、習熟度別指導の実施、TT（ティーム・ティーチング）の導入、単位制高等学校の拡充など、学級の学習集団という側面と生活集団という側面とが区別され、学習集団としての学級のあり方に少なくない変化が見られるようになっている。

　また、他方では、いじめによる子どもの自殺、不登校児童・生徒数の増加、友達や仲間のことで悩む子どもの増加など、人間関係の形成が困難かつ不得手になっているとの指摘もなされるなかで、生活集団、さらには自治集団としての学級のあり方についてもとらえ直すことが求められている。すなわち、「発

達の途上にある子ども達が集団として生活しながら学び続け、そのことを通じて人間的に成長発達する場所として学級を位置づける[8]」ことがますます重要になっているのである。学級（ホームルーム）に所属する児童・生徒は、そこに集団があって学習と生活をともにすることによって人格形成をはかる、という学級本来の持つ意味・役割を踏まえ、今日、改めて、「学級づくり」という観点から、学級とは何か、どうあるべきか、いかにマネジメントすべきか、が問われている。

4 学級経営と担任教師の学級経営能力

　ここでいう「学級づくり」とは、ある論者の言葉を借りれば、「子どもが学級の教師や友達と交流しながら人間的な発達を実現する場づくり[9]」である、といえる。このように学級においては、子ども相互の好ましい人間関係や子どもと教師との信頼関係に基づく温かい雰囲気のなかで、当面している学級や学校での集団生活、児童・生徒個々にかかわる問題などを自主的に解決していくような活動を行うとともに、それらの活動を通して、学級や学校における学習・生活をより豊かなものにし、他者と共生しながら自己実現を進めていくことが望まれる。従って、担任教師は、学級の一人ひとりの子どもたちの「教育を受ける権利」を保障することをめざして、「学級づくり」に努めていくことが求められる。

　「学級づくり」の成否は、当然のことながら、担任教師の人物・識見・手腕の如何によるところが大きい。担任教師の学級経営能力のあり方が問われるゆえんである。学級経営の領域は、①学級の教科指導の経営、②学級の教科外活動の経営、③生活指導の経営、④学級事務の経営、⑤学級の環境と施設の経営、⑥校外指導の経営、などに分類することができるが、大別すれば、学級教育指導と学級教育の条件整備の2つになる。前者は、教育計画、授業実践、特別活動、生活指導（生徒指導）などに分けられ、それらが互いに支えあいながら、子どもの諸能力を全面的・調和的に伸張することを目標とする。また、後者は、子どもの学習意欲を刺激し、学習能率を増進して学級生活を快適にすることを目標とする。これには、教室環境の整備や対外関係（学校経営や他の学級、保護者・地域住民等）との調整などの仕事が含まれる[10]。担任教師は、上記領域のそれぞれについて高い経営能力が求められるということである。とりわけ、

経営戦略という視点から、学級の教育目標を策定し、内部及び外部環境に応じて様々な資源を配置し、そのもとに実践を展開することのできる能力が求められている。

　近年、学校におけるマネジメントを確立し、学校の組織力を高めることの大切さが指摘されている。校内の役割分担と責任を明確にするなかで、地域や保護者などへの対応を学校として組織的に行い、これらとの連携により学校教育活動を充実させたり、個々の教師が個別に子どもたちに対応するだけではなく、教師同士の連携と協力を強化したりすることが課題として示されている[11]。学級経営がいわゆる「学級王国」と呼ばれる閉鎖的で独善的な経営に陥らないために、こうした取組みに期待されるところが少なくない。子どもたちの自治と共同の場となる「学級づくり」は、担任教師1人でなし遂げられるものではなく、教職員間の意思疎通や情報交換はもとより、子どもたちとの相談・協議及び保護者・地域住民の意思反映・経営参画が不可欠である。自らの活動が様々な教育関係者によって支えられる状況をつくりだす経営戦略が、これからの学校と教師に求められる。

注
1) 中谷彪『学校経営の本質と課題』泰流社、1983年、19頁。
2) 文部省（現文部科学省）『高等学校学習指導要領解説　特別活動編』東山書房、1999年、25頁。
3) 同前。
4) 中谷前掲書、19頁。
5) 同前、20頁。
6) 文部省（現文部科学省）『中学校学習指導要領解説　特別活動編――』ぎょうせい、1999年、26頁。
7) 碓井岑夫「学級と担任」若井邦夫・土屋基規編著『「教職入門」テキスト／教師をめざして・初めの一歩』エース出版事業部、106頁。
8) 同前、106-107頁。
9) 同前、110頁。
10) 中谷前掲書、21-23頁。
11) 2007年6月の学校教育法等の一部改正により、2008年4月から、学校に、副校長、主幹教諭、指導教諭を置くことができることになった。これらの職種の創設を契機に、学校、学級、学年経営の理念・方針が自由な雰囲気のなかで議論され、策定・省察さ

れるような職場づくりを進めていくことが望まれる。

参 考 文 献
吉田辰雄・大森正編著『教職入門／教師への道』図書文化社、1999年。
中谷彪・浪本勝年編著『［改訂版］現代の教師を考える』北樹出版、2004年。
中谷彪・浪本勝年編著『現代の学校経営を考える』北樹出版、2005年。
天笠茂『学校経営の戦略と手法』ぎょうせい、2006年。
篠原清昭編著『スクールマネジメント・新しい学校経営の方法と実践』ミネルヴァ書房、2006年。

第4章　特別活動と家庭・地域の連携

1　特別活動と家庭・地域の連携

　「特別活動」の章の「指導計画の作成と内容の取扱い」の項に、「家庭や地域の人々との連携」の文言が入るのは、1998年版小・中学校学習指導要領、1999年版高等学校学習指導要領のことである。この文言は、2008年版小・中学校学習指導要領、2009年高等学校版学習指導要領にも引き継がれた。しかし、「家庭や地域の人々との連携」を行う目的は異なる。どのように異なるのかは、学習指導要領第1章「総則」の「指導計画の作成等に当たって配慮すべき事項」を読み比べてみると明らかである。「総則」の章の記載は、指定がない場合には、各教科等に共通する事項、すなわち特別活動にも該当するからである。

　1988年版学習指導要領では、「指導計画の作成等に当たって配慮すべき事項」として「家庭や地域社会との連携を深める」という文言を含む項があるものの、その目的は記載されていなかった。1998／1999年版学習指導要領では「家庭や地域の人々の協力を得るなど」と「家庭や地域社会との連携を深めること」の具体例が加えられ、その目的は「開かれた学校づくりを進めるため」だと説明されている。当時は、「総合的な学習の時間」や「完全学校週5日制」の本格始動により学習の場の拡大を図るために、また子どもの学校内外の安全を確保するために、家庭や地域の協力を得ることが必要であり、そのためには、学校は旧来のややもすれば閉鎖的な体質を改める必要があったのである。2008／2009年版学習指導要領では、「家庭や地域社会との連携を深めること」の目的が、この「開かれた学校づくりを進めるため」から「学校がその目的を達成するため」に変わっている。2006年教育基本法にはその13条に、「学校、家庭及び地域住民等の相互の連携協力」という見出しで、「学校、家庭及び地域住民その他の関係者は、教育におけるそれぞれの役割と責任を自覚するとともに、相互の連携及び協力に努めるものとする」という条文が新設され、この教育基本法の下位法である学校教育法・学校教育法施行規則に基づいて作成される学

習指導要領であるが、「家庭や地域社会との連携を深める」ことの目的を「学校がその目的を達成するため」とするのは、「相互の連携及び協力」を越えて、学校を上位に、「家庭や地域社会」を下位に位置づけるという印象を与えかねない。

　それでは、特別活動において、どのような方法で「家庭や地域社会との連携を深める」ことが期待されているのであろうか。前述したように現行学習指導要領の「特別活動」の章には、「家庭や地域の人々との連携」としか記載されていないので、詳細な説明を得るために、小学校学習指導要領解説の該当箇所を参照してみると、特別活動の計画に当たっては、「我が国の伝統と文化を尊重する態度を育成することや、自然との触れ合い、奉仕や勤労の精神の涵養などにかかわる体験的な活動を一層重視することが求められている」ことに留意し、「地域の文化や伝統、地域の人々や自然との触れ合い、奉仕や勤労の精神の涵養などにかかわる活動などを取り上げるようにすることが大切である」とある。学習指導要領の「特別活動」の章の「各活動・学校行事の目標及び内容」に記載されている内容の一部と2006年教育基本法2条「教育の目標」に列挙された目標の一部を取り上げただけであるうえに、「文化活動」を「我が国の伝統と文化を尊重する態度を育成すること」「地域の文化や伝統にかかわる活動」と矮小化させてあり、学習指導要領解説が学校に与える影響の大小は学校によって異なるかもしれないが、解説のこの箇所は雑な印象を与えることは否めない。いずれにしても、文部科学省が今後も「家庭や地域社会との連携を深める」ことを学校に要請することは、確かであろう。

2　情報の積極的な提供の機会

　学校がその学校に関する情報を提供することの必要は、学校において地域の実情に応じた対応や多様な教育理念の実現が可能となることを目的として制定された小学校設置基準、中学校設置基準、高等学校設置基準（2002年文部科学省令14号、15号、16号、なお16号は改正省令）に、当該学校の「教育活動その他の学校運営の状況について、保護者等に対して積極的に情報を提供するものとする」と規定された。学校の情報提供の必要に関する規定はその後、学校教育法に引き継がれ（「学校教育法等の一部を改正する法律」(2007年法96号)）、この改正法施行に際し、設置基準の規定は削除された。学校教育法のこれらの条項（小学校に関し

ては43条、中学校、高校に関してはそれぞれ49条、62条に準用規定）は、学校の情報提供の必要を規定しているのみならず、学校の情報提供の目的を「当該（小）学校に関する保護者及び地域住民その他の関係者の理解を深めるとともに、これらの者との連携及び協力の推進に資するため」と規定している。

　学校は現在、様々な方法でその学校に関する情報提供を行っている。例えば学校は、ホームページを開設し、その学校の教育目標・方針、校長・教職員のメッセージ、学校だよりなどの掲示、学力調査結果や外部評価の公表、教育活動や学校生活に関する紹介などを行っている。担当教師は、評価規準や評価方法などの公表、所見欄記述など内容の充実に配慮した通知表の作成、集団説明会・懇談会や個別面談の開催、自己評価や相互評価を含む多様な評価体制の採用など創意工夫を凝らしたポートフォリオの作成（特別活動においては例えば学校行事の記録・感想文集）などを通して、家庭に個別でより具体的、詳細な情報を提供するよう努めている。授業公開や学校行事への招待を通して家庭や地域の人々に子どもたちの様子や学校・学級の雰囲気を参観する機会を提供する学校も多い。このような学校の試みを都道府県教育委員会や市区町村教育委員会は、学校管理規則に情報提供に関する規定を設けること、情報提供に関する手引書・パンフレットなどを作成し学校に配付すること、教師を対象に情報提供に関する説明会・研修会を実施することなどを通して支援している。

　学校がその情報を積極的に提供することは、家庭にとってはわが子の情報を、地域の人々にとってはその地域に所在する学校の情報を入手することが容易となり、それは学校・家庭・地域の三者が連携してよりよい教育の展開を模索するためのよい契機へとつながる。学校にとっては学校教育に対する家庭や地域の人々の理解を獲得し、誤解や不満を軽減するなどの効用も期待できよう。

　しかしながら最近は、学校が学校選択のための判断材料の提供を目的としてその学校の情報を提供する機会が増えている。入試選抜制度を採用している私立・国立の小・中学校、高校だけでなく、学校選択制を採用している地域にある公立の小・中学校に対しても学校選択のための情報提供の要請が増大しているのである。

　学校選択のための情報の提供に関連して学校が留意すべき点は、教育課程（修学旅行などの学校行事を含む）や課外の部活動などの計画・展開は学習者の発達段階に応じて教育上の必要を十分に考慮することを旨とすることである。入学希望者を確保する上での有利性を狙い衆目を集めることを意識して行うなら

ば子どもや家庭、教師に過剰な負担をかけ、教育課程全体のバランスを欠き、公教育を商業主義に陥らせ、公教育の公平性、平等性の崩壊につながるおそれが生じるので、回避しなければならない。教育課程、生活指導における情報の改ざんや隠蔽は、問題をより深刻化させる原因となるので、行ってはならない。

3　開かれた教育活動の一層の展開を図る機会

　開かれた教育活動の一層の展開は小学校においては、学校教育法18条の2（2001年法105号「学校教育法の一部を改正する法律」による）に規定されている（2007年法96号で31条に改正されたが、条文の主旨は存続）。中学校・高校に対してもこの条文の準用規定がある。この条文の内容は、教育指導を行うにあたり(1)体験的な学習活動、ボランティア活動など社会奉仕体験活動、自然体験活動その他の体験活動の充実に努めること、(2)社会教育関係団体その他の関係団体及び関係機関との連携に十分配慮することである。

　開かれた教育活動の一層の展開の実践は小・中学校においては学校教育法施行規則の一部改正（1998年文部省令44号）により、また高校においては同省令一部改正（1999年文部省令7号）により、教育課程の1つとして創設された「総合的な学習の時間」に期待されるところが大きいが、かならずしもこの授業に制限されたことではない。たとえば2008年版小学校学習指導要領においては、各教科において体験的な学習や問題解決的な学習を重視すること、また道徳教育においてボランティア活動や自然体験活動などの体験を通して道徳性の育成が図られるよう配慮することが規定されている。特別活動に関しても、「家庭や地域の人々との連携、社会教育施設等の活用などを工夫すること」や「〔学校行事〕については……異年齢集団による交流、幼児、高齢者、障がいのある人々などとの触れ合い、自然体験や社会体験などの体験活動を充実するとともに、体験活動を通して気付いたことなどを振り返り、まとめたり、発表し合ったりするなどの活動を充実するよう工夫すること」が、指導計画の作成にあたり配慮する事項として、記載されている。

　開かれた教育活動の一層の展開は、学習の場や学習構成員の拡大を積極的に模索することであると理解するならば、その実現は学習の場を学校内に置いて学習構成員を校外から学校へ招待して学習機会を拡大していく方法と、学習の場を校外に移して外部の人々と交流することを通して学習機会を拡大していく

方法とがあろう。特別活動における前者の例としては、健康安全・体育的行事の一環として公的機関や民間の専門機関の職員を学校に招待し、専門的見地からの講話や実践的指導を教授してもらうことは以前からよく行われている取り組みである。現在では、地域の専門知識のある団体職員や一般社会人、NGO・NPO会員などが、学校の要請に応じ、非常勤講師やボランティアの形で、ゲスト・ティーチャーとして、授業に参加することも行われている。家庭の人々に学級活動の場などで子どもの誕生時の様子や育児のよろこび・苦労などを披露してもらうことは、命の大切さを考える機会として有意義であろう。

後者の例としては、(1)地域にある社会教育施設など（博物館・図書館・公民館・児童会館・青年の家など）を活用すること、(2)勤労生産・奉仕的行事を実施するにあたり、地域の企業、NGO/NPO、ボランティア団体などの連携・協力を得ること、(3)学校週5日制の導入（1992年9月より段階的に施行、2002年4月より完全施行）により子どもがすごす時間の比重が増大した家庭や地域での教育を充実させるために、PTA、町内会、地域の青少年団体、スポーツ・文化団体などと連携することなどがあげられるだろう。

教育とは人格の完成を目指してあらゆる場所であらゆる機会に行われるものであること、子どもにとって教育の場は子どもの生活する場すべて、すなわち学校だけに制限されず家庭や地域を含むものであること、社会教育施設を活用する権利が学齢児童・生徒を含むすべての国民にあることは法律で保障されていること、また体験を通して学習することの効果は教育実践において多くの実証を獲得している理論であることなどを参酌すると、学習の場や学習構成員の拡大は望ましいことであろう。しかしこれを実践するにあたって検討すべき問題は、山積している。例えば、外部の人々が指導者となって行う授業の内容や外部の機関・団体などが提供するプログラムは学習者の発達的段階や教育上の必要を考慮したものとなっているか、またそれらは他の授業内容との関連を考慮した指導計画に基づくものとなっているか、慎重に検討する必要がある。

教育施設の活用に関しては、社会教育施設の設置状況における地域格差は社会教育法（1949年、法207号）3条の規定にもかかわらず解消できていないだけでなく、近年の公益組織の法人化・民営化に伴い実施されている、無料で使用できる公民館から有料の生涯学習施設への再編や、利用者の便宜よりも採算を優先する管理になるおそれのある指定管理者制度（地方自治法244条の2）の導入などで、利用者への負担や地域格差の一層の拡大が生じるおそれがある。

勤労生産的活動においてはその活動が子どもの発達段階に応じたもので教育上の目的が明確で的確なものになっているか、子ども側あるいは受け入れ側の過度の負担となっていないか、検討する必要がある。ボランティア活動に関しては、奉仕体験活動の必修化、単位認定、入試や就職への活用などが行われており、これらの持つ義務・強制、代償という性質ゆえにボランティアの特質（自発性・無償性・公共性・先駆者性など）が生かされない結果となってはいないか、検討する必要がある。

学校週5日制の導入により拡大した家庭・地域での土日のすごしかたやその充実度は家庭や地域の環境によるところが大きく、かならずしも子どもの教育上の必要を満たすものとなっていない場合もあり、これも検討課題である。

4　政府の教育理念や実践計画を伝達する機会

教育改革国民会議の「報告」提出（2000年12月）以降、子どもに関係する諸問題の原因は学校・家庭・地域の教育力の低下にあり、教育力回復のためには政府は教育の計画や評価に積極的に関与すべきだという政府見解が色濃くなって、この見解は与党が新教育基本法を強引ともいえる手法で可決させていく原動力ともなった。このような経緯に鑑みるに、学校・家庭・地域の連携は「政府の教育理念や実践計画を伝達する機会」に活用されるようになるのではないかとの危惧が生じる。

1947年（旧）教育基本法では、家庭教育や社会教育の価値や自由が尊重され、政府や地方公共団体の責務は、これらの教育が達成できるよう支援を行うことであった。一方、新教育基本法の10条「家庭教育」や12条「社会教育」は、政府や地方公共団体の役割として「学習の機会及び情報の提供」という教育内容への介入を含みかねない条文となっており、ありようによっては同法に保障されている「家庭教育の自主性」（10条2項）や（政府見解というバイアスのかからない）真の意味での「（社会教育における）個人の要望や社会の要請」（12条1項）という法の精神が生かされなくなるおそれがある。

また新教育基本法13条「学校、家庭及び地域住民等の相互の連携協力」において、学校、家庭及び地域住民は「教育におけるそれぞれの役割と責任を自覚するとともに、相互の連携及び協力に努めるものとする」という内容になっている。学校教育（6条）では学校の役割を「教育の目標が達成されるよう……

体系的な教育を組織的に行(う)」こととしていることから、家庭及び地域住民は学校からこの「教育の目標」(2条)達成のための連携協力を要請されるであろうことが推察される。

　日本においては戦前、国や軍は学校の儀式的行事(教育勅語渙発(1890年)の翌年には文部省令『小学校祝日大祭日儀式規程』が制定される)や体育的行事(運動会)を天皇崇拝や戦意高揚のために積極的に利用した経緯がある。また文部省は『戦時家庭教育指導要領』(1942年)を刊行し、国民の家庭教育の内容への介入を行った。戦後においても、1958(昭和33)年学習指導要領の告示以降、2007年現在に至るまで(2007年6月公布の学校教育法改正において文部科学大臣の定める権限範囲は「教科に関する事項」から「特別活動」を含む「教育課程」に拡大)、文科省(文部省)は学校行事などにおける国旗掲揚・国歌斉唱の強制化を進めてきた。また戦後直後、親と教師の民主主義的な組織として結成されたPTAはその後の「逆コース」の流れのなかでその自主的運営は制限され、文部省を通してその時期の国策に沿った役割を果たすことを強制され続けたことが報告されている。

　教育における学校、家庭、地域の連携は子どもの幸福を第一義として検討されるものであること、子どもと子どもを支援するすべての人々が、人種、信条、性別、社会的身分、経済的地位、門地など、その属性や文化的背景にかかわらず尊重されることという観点が不可欠であろう。

第5章　特別活動と他の教育活動との関連

　学習指導要領における特別活動は、各教科、道徳と並ぶ領域としての位置づけにある。教育課程の教科外活動として、学校の教育活動のかなりの部分を占めている特別活動は、望ましい集団活動を通して個性の伸張と豊かな人間性の育成を目指すことに加え、集団や社会の一員としての自覚と責任感を深め、社会性の育成を図ることを目的としている。

　このように人間性育成という広範な目標を掲げる特別活動は、教育課程上の配当授業時間数が道徳と並んで最も少ないため、その目標の達成には他領域との関連が重要な要素となっている。固有の目標やねらい、教育内容や方法をもつ各教育活動が、それぞれの充実と相まって特別活動と相互に補完しあうことで、全体として教育目標を達成することが期待できる。本章では、このような特別活動と他の教育活動との関連について考察する。

1　各教科との関連

　児童生徒の自主活動を基盤とする特別活動の充実には、各教科において習得した知識や技術を生かして活動することが求められる。例えば、学級活動や児童会・生徒会活動で行われる行事では、教科学習で獲得したデッサン力や国語力を生かして、ポスターや文章を作成するなど、習得した知識や技術を応用して特別活動をより豊かな活動にすることができる。このような教科との連携は、児童生徒にとって、教科学習の必要感が高まり学習目標を具体化することにつながり、学習の意義や意味を実感することになる。さらに、その応用過程で求められる工夫や新たな発想を生み出す経験を通して、自主性の伸長や発展的な学習効果も期待することができる。

　また、特別活動において培われた実践力は、教科学習における主体的な取り組みや持続力として生かすことができる。教科学習上でぶつかった問題を簡単にあきらめたり、他人に聞いてすませることなく、自分自身で教科書やノートを読み返したり、辞典や参考書を確認したりして解決する積極的な学習につな

表Ⅰ-5-1　学習指導要領　目次

	小学校学習指導要領 (2008(平成20)年3月)	中学校学習指導要領 (2008(平成20)年3月)	高等学校学習指導要領 (2009(平成21)年3月)
第1章	総則	総則	総則
第2章	各教科（国語、社会、算数、理科、生活、音楽、図画工作、家庭、体育）	各教科（国語、社会、数学、理科、音楽、美術、保健体育、技術・家庭、外国語）	各学科に共通する各教科（国語、地理歴史他　全10教科）1)
第3章	道徳	道徳	主として専門学科において開設される各教科（農業、工業他　全13教科）2)
第4章	外国語活動	総合的な学習の時間	総合的な学習の時間
第5章	総合的な学習の時間	特別活動	特別活動
第6章	特別活動		

がる。加えて、特別活動の体験から生まれた疑問や発想が、教科の学習意欲を高める効果もある。

　学力問題の議論の焦点は教科指導が中心だが、このような特別活動と教科の双方向の関連を意図的に高めることで、生きる力につながる幅広い学力の習得が期待できる。

2　道徳教育との関連

　道徳教育は学校の教育活動全体を通じて行われるため、特別活動においても指導がなされる。さらに特別活動は、道徳の時間の指導や他領域で行われる道徳教育で培われた道徳的実践力を役立てる場でもある。児童生徒の自主活動や集団活動が中心的な内容である特別活動は、他領域に比べて様々な人間関係を経験する。行事や活動の計画立案や実施の過程で行われる、具体的な話し合いと仕事の分担では、様々な調整や交渉が必要となる。教師はこのような児童生徒の活動を側面から支援するとともに、効果的な道徳教育の機会として、その都度適切な指導を行うことが求められる。児童生徒は、直面する具体的な問題の解決や状況の改善を通して、集団や社会の一員としての自覚や役割を自覚し、道徳的心情、判断力、実践意欲と態度などの道徳性を養うことができる。

　特に特別活動と道徳教育の関連で重要になることは、特別活動を通して得られた具体的な経験を、道徳の時間を通して補充、深化、統合し、道徳的価値に

高めて道徳的実践力を育成することである。特別活動の自主的な集団活動の経験は、児童生徒の人間性を涵養する意図的計画的な道徳指導の貴重な教材である。年間計画に関連させて位置づけることや、児童生徒の経験の観察や、人間関係や心の変化を的確に把握して、児童生徒の実態を道徳の時間の指導に生かして授業を組み立てることである。

このように、特別活動と道徳教育は、人間性を高め人間としての生き方の自覚を深める指導と実践として関連が強く、相互を連携させることで、それぞれの教育目標の達成をより図ることができる。

3　総合的な学習の時間との関連

「総合的な学習の時間」は、1998（平成10）年告示の学習指導要領で導入された学習領域である。学習指導要領内に「総合的な学習の時間」として記載されたわずか2頁ほどの内容は、「第1　目標」「第2　各学校において定める目標及び内容」「第3　指導計画の作成と内容の取扱い」から構成され、指導内容は「各学校においては、第1の目標を踏まえ、各学校の総合的な学習の時間の内容を定める」とされている。そこには活動のねらいや留意点と例が示されているのみで、各教科や他領域のような具体的な学習内容の記述はない。それだけに、学校や教師の裁量が大きく、創意工夫が生かされる領域である。

「地域や学校、生徒の実態等に応じて」実施される総合的な学習は、「横断的・総合的な学習や探究的な学習を通して、自ら課題を見付け、自ら学び、自ら考え、主体的に判断し、よりよく問題を解決する資質や能力を育成するとともに、学び方やものの考え方を身に付け、問題の解決や探究活動に主体的、創造的、協同的に取り組む態度を育て、自己の生き方を考えることができるようにする」[3]ことを目標としている。これらの目標は、「望ましい集団活動を通して、心身の調和のとれた発達と個性の伸長を図り、集団や社会の一員としてよりよい生活や人間関係を築こうとする自主的、実践的な態度を育てるとともに、人間としての生き方についての自覚を深め、自己を生かす能力を養う」（中学校学習指導要領）という特別活動の目標と多くの部分で重なっている。両領域は、「主体的」「自主性」という児童生徒の自ら学ぶ姿勢をねらいとし、「探求活動」「実践的」という実際の活動を通して学ぶことを基本として、「学習や生活において生かす」「よりよい生活を築こうとする」という実践化を目標としている。

このような特別活動と総合的な学習の類似性から、学校現場における実践で双方の明確な区別は難しいと考えられる。集団活動を基盤とする特別活動と探求学習である総合的な学習は、それぞれのねらいを明確にして十分な配慮を行い、テーマや活動内容の関連、活動時期の調整など、教育課程上の効果的な連携を図ることが重要となる。

4 生徒指導との関連

生徒指導の内容は、「日ごろから学校経営の充実を図り、教師と児童の信頼関係及び児童相互の好ましい人間関係を育てるとともに児童理解を深め、生徒指導の充実を図ること」[4]と「教師と生徒の信頼関係及び生徒相互の好ましい人間関係を育てるとともに生徒理解を深め、生徒が自主的に判断、行動し積極的に自己を生かしていくことができるよう生徒指導の充実を図ること」[5]である。ともに教師と児童生徒の信頼関係を基盤にして、児童生徒間の人間関係を育てること、児童生徒の理解を深めることを求めている。

人間関係を中心とした生徒指導のこれらの内容は、教育活動全体を通して指導されて達成されるが、とりわけ集団活動を基盤として自主的、実践的な態度を育て、人間としての生き方の自覚を深め自己を生かす能力を養う特別活動は、生徒指導と重なる部分が少なくない。それは、生徒指導の内容に明記された学級経営の中心が、特別活動の一部である学級指導であることからも明確である。

また、生徒指導の内容として、学業指導、適応指導、進路指導、社会性・公民性指導、道徳性指導、保健指導、安全指導、余暇指導等が考えられ、さらにガイダンス機能も求められている。これらは主に学級指導のなかで指導されることが多いことから、特別活動と生徒指導の関連は深く、適切な連携を意図した指導計画が大切である。

5 課程外活動との関連

教育課程に位置づけられている「各教科」「道徳」「外国語活動（小学校）」「総合的な学習の時間」並びに「特別活動」は、当然のことながら学校教育活動の中心である。児童生徒の教育活動は主にこれらの内容で構成されるが、学校内活動でもこの内容に含まれない項目や時間外の活動がある。たとえば、中

学校学習指導要領および高等学校学習指導要領の教育課程に入っていないクラブ活動[6]は、授業時間として算入しないだけでなく、学校教育課程の計画に位置づけることはない。しかし実際には多くの学校で実施されており、部活動と同様に、教育活動上で重要な意味を持っている。

また、放課後の活動や登下校に関わる内容など、教育課程外の活動のなかには地域や社会、家庭につながるものが多く、児童生徒の心身の発達や社会性の伸長に大きく関わっている。教育課程外の教育活動のなかには、少子化の現代において、異学年異年齢の集団で協力して取り組む貴重な機会を提供するものも少なくない。これらの教育課程外の活動は、特別活動の「望ましい集団活動」を通して、「自主的、実践的な態度を育てる」とともに、「自己を生かす能力を養う」という目標を達成するための、実践の場としての役割は大きいものがある。

このような観点から、教育課程内の教育活動との連携に加えて、教育課程外の活動との連携を図ることで、特別活動の教育効果をさらに確かなものにすることができる。

❻ 学力問題との関連

日本の学校教育の特徴として、学力のみならず全人的な人間形成をめざす教育課程が挙げられる。諸外国の学校教育の教育課程は教科中心のカリキュラムが一般的で、日本のように教科外活動の道徳や特別活動が同列に扱われる例は多くない。教育基本法第1章第2条「教育の目標」1の「幅広い知識と教養を身に付け、真理を求める態度を養い、豊かな情操と道徳心を培うとともに、健やかな身体を養うこと」は、教科指導とともに教科外指導を重要視する日本の学校教育の特質を最もよく表していると考えられる。

人間形成を目指す特別活動は、教科指導のように学力向上を直接の目的にすることはないが、児童生徒が主体的に学習に取り組むための条件を整える上で重要な役割を担っている。教科指導と特別活動の効果的な連携は、学校教育の両輪となって学校や学級の集団を成長させ、児童生徒一人ひとりの主体的な学習を支える力になる。教育活動全体で学習効果を図るこのような連携は、生きる力につながる学力の向上に資すると考えられ、学力問題を考える上で重要な視点といえる。

注

1) 国語、地理歴史、公民、数学、理科、保健体育、芸術、外国語、家庭、情報。
2) 農業、工業、商業、水産、家庭、看護、情報、福祉、理数、体育、音楽、美術、英語。
3) 小学校、中学校、高等学校学習指導要領で共通。
4) 『小学校学習指導要領』第1章総則第4－2(3)。
5) 『中学校学習指導要領』第1章総則第4－2(3)。
6) 「1988（平成元）年告示学習指導要領」まで特別活動の一部。

参 考 文 献

文部科学省『小学校学習指導要領』文部科学省、2008年。
文部科学省『中学校学習指導要領』文部科学省、2008年。
文部科学省『高等学校学習指導要領』文部科学省、2009年。
文部科学省『小学校学習指導要領解説　特別活動編』文部科学省、2008年。
文部科学省『中学校学習指導要領解説　特別活動編』文部科学省、2008年。
文部科学省『高等学校学習指導要領解説　特別活動編』文部科学省、2009年。

第6章 特別活動と国旗・国歌

はじめに

　戦前においては、1890年の教育勅語の翌年に出された「小学校祝日大祭日儀式規程」に、「学校長、教員及ビ生徒、其祝日大祭日ニ相応スル唱歌ヲ合唱ス」とあり、1893年の文部省告示第3号において、「小学校ニ於テ祝日大祭日ニ用フル歌詞及ビ楽譜ノ件」で「君が代」が登場した。1903年の第1期国定教科書（修身）においても「ヒノマルノハタハ、ニッポンノシルシデアリマス」という記述があった。

　第2次世界大戦後、1947（昭和22）年の学習指導要領（試案）においては、「日の丸」「君が代」に関する言及はなかった。ところが、1958（昭和33）年に文部省告示として出された小・中学校学習指導要領の「学校行事等」においては、「国民の祝日などにおいて儀式などを行う場合には、児童（生徒）に対してこれらの祝日などの意義を理解させるとともに、国旗を掲揚し、君が代をせい唱させることが望ましい」と述べられていた。「国民の祝日などにおいて」と、戦前のような祝日学校儀式の施行を予想していたといえる。[1] 1977（昭和52）年版の学習指導要領では、「君が代」が「国歌」に替えられた。1989（平成元）年版になると「入学式や卒業式などにおいては、その意義を踏まえ、国旗を掲揚するとともに、国歌を斉唱するよう指導するものとする」となり、それが最新（2008、2009（平成20、21）年版）の学習指導要領にも引き継がれている。

　それまで、県によっては入学式や卒業式でほとんど国旗掲揚及び国歌斉唱が行われていなかったところもあったが、現在はほぼ100％の実施率となっている。

　長期間にわたって国旗、国歌が具体的に何をさすのかに関して制定法上の規定はなかったが、1999年の「国旗及び国歌に関する法律」で、法的に「国旗は日章旗」「国歌は君が代」と定められた。同法が審議されたとき、1999年7月21日の内閣文教委員会では、有馬朗人文部大臣（当時）は、「国旗・国歌の指導

表Ⅰ-6-1　小学校入学式における国旗掲揚及び国歌斉唱の実施率[2]

	1985年		1990年		2000年		2003年	
	国旗	国歌	国旗	国歌	国旗	国歌	国旗	国歌
東京都	86.5%	19.5%	97.2%	69.8%	99.7%	91.8%	100%	100%
大阪府	53.5%	6.3%	63.3%	10.9%	99.5%	97.1%	100%	100%
沖縄県	5.0%	0.0%	100%	92.4%	100%	100%	100%	100%

は、国民として必要な基礎的、基本的な内容を身につけることを目的として行われているものでございまして、たびたび申し上げますように、児童生徒の内心にまで立ち入って強制するものではございません。あくまでも教育指導上の課題として行われるものでございます」と述べていた。1999年6月29日の衆議院本会議で、小渕首相（当時）は「法制化に伴い、学校教育における国旗・国歌の指導に関する取り扱いを変えるものではないと考えており、今後とも、各学校における適切な指導を期待するものであります」と答弁していた。

1　特別活動における国旗・国歌と判例

ここまでに述べてきたような状況をうけて、特別活動における国旗・国歌をめぐって法的な紛争も増加してきている。ここでは最近の最高裁判例について見ておこう。

それは、小学校音楽専科教諭が入学式での「君が代」のピアノ伴奏の職務命令を拒否して戒告処分をうけて、その取消を求めたケースである（最高裁、平成19年2月27日、『判例時報』1962号3頁）。そこでは、「本件職務命令は、上記のように、公立小学校における儀式的行事において広く行われ、A小学校でも従前から入学式等において行われていた国歌斉唱に際し、音楽専科の教諭にそのピアノ伴奏を命ずるものであって、上告人に対して、特定の思想を持つことを強制したり、あるいはこれを禁止したりするものではなく、特定の思想の有無について告白することを強要するものでもなく、児童に対して一方的な思想や理念を教え込むことを強制するものとみることもできない」。「地方公務員法……32条は、上記の地方公務員がその職務を遂行するに当たって、法令等に従い、かつ、上司の職務上の命令に忠実に従わなければならない旨規定するところ、上告人は、A小学校の音楽専科の教諭であって、法令等や職務上の命令に従わな

ければならない立場にあり、校長から同校の学校行事である入学式に関して本件職務命令を受けたものである。……本件職務命令は、その目的及び内容において不合理であるということはできないというべきである」として訴えを退けた。

　国旗・国歌に関する職務命令が教職員の思想良心の自由の侵害にあたると判断する下級審判例も存在する（東京地裁、平成18年9月21日、『判例時報』1952号44頁）が、一旦自らすすんで公務員になった以上は地方公務員法を遵守し、地方公務員法によって職務命令に従う義務がある（どうしても思想良心の自由に反するために拒否したい場合には退職する自由はある）と思われるゆえに、最高裁判決の結論は妥当と考えられる。

2　仏独英米の教育課程と国旗・国歌

　公教育の目的の1つとして「国民統合」があるといえる。そのために国旗・国歌が使用されることもある。ここでは、フランス・ドイツ・イギリス・アメリカ合衆国の教育課程において国旗・国歌がどのような位置にあるかを見ておこう。

　フランスでは、学校教育において入学式・卒業式などは行われない。2005年に制定された教育基本法（フィヨン法）26条では、小学校における教育は「公民教育を提供する。それは、国歌とその歴史について学習することを義務的に含む」と規定された。その後の通達で、「26条の条項は……児童が国の共同体（communauté nationale）に属することを意識させる。その教育はフランスと、共和国の偉大な象徴：国歌、国旗、いくつかの記念物……の意義を説明する」[3]とある。中学では4年生の公民科学習指導要領の項目として「共和国の価値、原理、象徴」があり、フランス第5共和政憲法第2条の条文「共和国の言語はフランス語である。国章は青、白、赤の三色旗である。国歌はラ・マルセイエーズである。共和国の標語は自由、平等、友愛である」や、共和国の象徴としての三色旗、ラ・マルセイエーズの由来や意味などが教えられる[4]。

　ラ・マルセイエーズはもともと軍歌として作られ、歌詞には「血塗られた軍旗」「武器をとれ、市民諸君、……不浄な血が我々の田畑に吸われんことを」といった語句が登場することもあって、問題視されているところもある。そのためラ・マルセイエーズを無条件で賛美するように教えているわけではない。

ある教科書では「ラ・マルセイエーズがサッカーのスタジアムで野次られた」ことから大統領が退席したという事件を取り上げている。ラ・マルセイエーズに批判的な見解も載せられている。ある学区の前期中等教育修了試験では、「ラ・マルセイエーズの歌詞を変える？」という文章などを示したあとで、「資料の情報とあなたの知識、あなたの挙げる例を用いて、共和国の価値がこれらの象徴に刻まれていることを述べ、あなたの意見によれば、これらの象徴は変えることができるか、あるいは変えなければならないかについて15行ほどで論じなさい」という問題が出題されている。あくまで、「あなたの意見によれば」であって、賛否のいずれの立場でも答案を書くことは可能かと思われる。「良心の自由」は保障されているのである。

ドイツでは、入学式や卒業式のような機会に国旗掲揚、国歌斉唱は行われない。ドイツでは学習指導要領は州（Land）ごとに作成されるが、国旗・国歌は必ずしも登場しないが、州によっては音楽や歴史・社会の学習指導要領に国歌について言及されているところもある。教科書にもドイツ国歌が登場するものもあるが、扱いは大きくはない。

イギリス（England）では、ナショナル・カリキュラムにおいて国旗・国歌は登場せず、学校教育において国旗・国歌が教えることを定めてはいない。2007年に教育雇用省に提出された報告書「多様性と市民性」において、ブリティッシュネス（Britishness）の理解ためのテーマの1つとして「国の象徴」が提言されていたが、2007年版市民科ナショナル・カリキュラムに国旗・国歌は登場しなかった。

アメリカ合衆国では、多くの学校で毎朝『忠誠の誓い』と呼ばれる「愛国的儀式」が行われている。それは、「私はアメリカ合衆国の国旗に対して、そして神のもとで、不可分で自由と正義を皆にもたらす国である共和国への忠誠を誓います」という文言を暗唱するものである。しかしそれは、あくまで参加自由である。例えばある学区の生徒規則では「生徒は忠誠の誓いを述べ、国旗に敬礼することを拒否する理由を何人にも説明しなくてよい。そのような儀式に参加することを差し控える生徒は、参加しようとするクラスメートの権利と利益を尊重する責任を有する。参加しない生徒は誓い、敬礼の際に沈黙しているべきである。生徒は親、保護者の許可を得ずしてそうすることができる。……生徒は（アメリカ合衆国あるいは他国の）国歌が演奏されているときに起立しないことができる」と明記している。

おわりに

　日本においても特別活動、社会、音楽の学習指導要領で国旗、国歌が登場する。特別活動の学習指導要領解説には「国旗及び国歌に対して一層正しい認識をもたせ、それらを尊重する態度を育てることは重要なことである」[10]とある。しかし、国旗・国歌が「厳粛かつ清新な雰囲気」をつくりだされるために利用されているだけに終始しているのではないかと思われる。

　既に述べたフランスの状況と対比すると、日本においても学習指導要領解説で「国旗、国歌に対して一層正しい認識をもたせ」[11]とあるにもかかわらず、国旗、国歌の由来や歌詞の意味が教えられていることはほとんどないこと[12]、などが浮かび上がるといえよう。

　また、日本の状況をアメリカと対比すると、児童・生徒の国旗に対する起立、国歌斉唱の「参加の自由」が書面に明記されていることがほとんどないことが浮かび上がるといえよう。

　述べてきたように、公務員である公立学校教職員には、地方公務員法により職務命令に従う義務があると考えられる。しかし、言うまでもなく児童・生徒は地方公務員法の適用対象ではない。

　ところが、最近になって「君が代」斉唱時の声量を調査するとか、「生徒の不起立が多かった」[13]ことを理由に指導が不十分であるとして注意「処分」を下したという例もある[14]。教員が生徒に不起立する方向に思想統制を行ったという事実が確認されたというならともかく、そうでないのに「指導が不十分」というのは論理の飛躍であると思われる。国旗国歌法制定時の答弁の通りに、児童・生徒に強制されることが一切ないように運用されることが望まれる。

注
1）　佐藤秀夫編『日本の教育課題　第1巻「日の丸」「君が代」と学校』東京法令出版、1995年、383頁。
2）　「学校における国旗及び国歌に関する指導について（通知）」『教育委員会月報』第479号、1990年、34頁、第607号、2000年、89頁。http://www.mext.go.jp/b_menu/houdou/15/12/03121901.htm（最終確認2007年8月29日）に基づいて作成。
3）　Circulaire 2005-124 du 26-7-2005,（*B. O.* no. 30, 25 août 2005).

4) 中学学習指導要領は2008年に改訂が発表された。*B. O.* numéro spécial, no. 6, 2008.
5) *Éducation civique 3e*, Magnard, 2003, pp. 8-9.
6) *Annabrevet* 2004, *Histoire Géographie Éducation civique*, Hatier, 2003, pp. 124-128.
7) たとえば、Rheinland-Pfaltz, Lehrplan Gemainschaftskunde, 1998.
8) Diversity and Citizenship Curriculum Review, 2007.
9) 文部科学省『小学校学習指導要領解説　特別活動編』東洋館出版社、2008年、121頁。
10) 文部科学省『高等学校学習指導要領解説　特別活動編』海文堂出版、2009年、80頁。
11) 同前。
12) なお、筆者がある大学の「特別活動の研究」の講義中に「君が代の歌詞をできるだけ漢字で、またその意味を書いてください」と受講者に尋ねたところ、正答といえるのは3割以下であった。
13) 『朝日新聞』2005年4月13日。
14) 『朝日新聞』2004年6月19日。

参考文献

西原博史『学校が「愛国心」を教えるとき』日本評論社、2003年。
吉田進『ラ・マルセイエーズ物語』中央公論社、1994年。
田中伸尚『日の丸・君が代の戦後史』岩波書店、2000年。
藤田昌士『学校教育と愛国心』学習の友社、2008年。

第II部
小学校の特別活動

第1章　学級活動の指導

1　学級活動の内容

　学級活動は、特別活動の総括目標に対して、中核的役割を担うとともに、学級づくりと密接に関係している。学級活動は基本的には学級担任による指導である。その指導は、以下の学習指導要領の学級活動の内容（各学年及び共通事項）に基づいて行われる。

> ［第1学年及び第2学年］
> 　学級を単位として、仲良く助け合い学級生活を楽しくするとともに、日常の生活や学習に進んで取り組もうとする態度の育成に資する活動を行うこと。
> ［第3学年及び第4学年］
> 　学級を単位として、協力し合って楽しい学級生活をつくるとともに、日常の生活や学習に意欲的に取り組もうとする態度の育成に資する活動を行うこと。
> ［第5学年及び第6学年］
> 　学級を単位として、信頼し合って楽しく豊かな学級や学校の生活をつくるとともに、日常の生活や学習に自主的に取り組もうとする態度の向上に資する活動を行うこと。
> ［共通事項］
> (1)　学級や学校の生活づくり
> 　　ア　学級や学校における生活上の諸問題の解決　イ　学級内の組織づくりや仕事の分担処理　ウ　学校における多様な集団の生活の向上
> (2)　日常の生活や学習への適応及び健康や安全
> 　　ア　希望や目標をもって生きる態度の形成　イ　基本的な生活習慣の

> 形成　ウ 望ましい人間関係の育成　エ 清掃などの当番活動等の役割と働くことの意義の理解　オ 学校図書館の利用　カ 心身ともに健康で安全な生活態度の形成　キ 食育の観点を踏まえた学校給食と望ましい食習慣の形成

　(1)は話し合いを伴う内容である。(2)は学級指導的内容である。これらの学級活動の内容のなかで指導頻度の高い項目は、(1)の学級内の組織づくりや仕事の分担処理、学級における生活上の諸問題の解決、(2)の望ましい人間関係の育成、基本的な生活習慣の形成などである。

　通常、各学校には学級活動(1)(2)の学年年間指導計画が作成されている。学級担任は、これを参考に各学級で実情に合わせた指導をしなければならない。

2　学級経営案と学級活動

　児童の登校から下校までの各教科、総合学習、道徳、特別活動、朝の会、給食、そうじなど、すべてが学級担任による学級経営の範囲である。その学級担任の指導の全体像を表すものが、学級経営案である。

　学級経営案は、設計図であり仮説の集合体のようなものである。一般的にはＡ４用紙１枚程度のものが多い。学級経営がうまく、授業レベルの高い教師は、努力と経験により指導方法や指導技術を身に付けている。このような教師は教科指導や学級指導の目標が頭に入っているのである。明確な目標があって、はじめて明確な手立てが打てると言える。

　学級経営案に特別活動（特に学級活動）の役割を組み入れることは大切である。特に、集団活動を通してより良い人間関係を築くことは重要であり、学級づくりにはこの指導は外せない。基本的には、学級活動において「このような指導をしたらこうなるだろう」と考え、意図的・計画的な指導をすることが重要である。「こうなる」の部分は目標であり、期待する学級像（子供像）である。「このような指導」の部分は、地道に実践する具体的な手立てである。仮説をもって実証的に実践する姿勢が極めて大切である。指導経験を重ねながら目標の実現に向けて設計図を改善していく努力が必要である。

　「なすことによって学ぶ」は学級担任にも言えることであり、指導経験の積

み上げにより、学級活動の指導力を習得することになる。

児童期における人間性や社会性の発達課題は、集団のなかで意図的・計画的に触れ合う教育を通して身に付いていくものである。児童の発達段階を考慮した指導をしなければならないので、当然、1年生と6年生への対応は異なる。

学級活動の指導に用いることができる授業のノウハウや理論は、教育雑誌や書籍を見たり、キーワードでネット検索したりすると簡単に入手できるので、自分に使えそうなものを選んだり、作り変えたりして指導に活用していくとよいだろう。

3　学級担任の仕事

前述した(1)の話し合い活動を伴う学級活動について、便宜上、以下3つに分けて述べる。その後で(2)の学級指導的内容について述べる。学級担任の指導の具体例をみてみよう。

1　学級や学校の組織づくり

新学期早々に学級担任は、職員会議や学年会で決まったことをもとに、学校・学級の組織づくりと仕事の分担を児童とともに考え決めなければならない。

始業式を終えてしばらくすると、座席を決め直して新たな学年の出発が始まる。児童にとって席を決めること（席替え）は関心のあることで、学級集団づくりの基本にかかわることである。男女の組み合わせや仲良しグループの扱いは問題になるので、児童の心に響く話を用意して、学級の一員として協力しようとする態度の必要性を伝える。

当番活動を決めないと学級生活は回転していかない。1年生の学級には、当分の間、給食やそうじのときには高学年の児童が手伝いにいくが、2年生以上は、毎日の学級生活になくてはならない日直やそうじ、給食などの当番を早急に決めなければならない。

例をあげると学級単位のそうじ当番は月交代で、場所は教室ほうき4名、ぞうきん4名など、また、給食当番は週交代で、パンご飯2名、おかず2名など、期間・仕事内容・担当者を明示したローテーション表を作り、学級の一員としての役割を明示する。仕事内容や手順は別途指導が必要である。先輩教師のアイディアに富んだ当番掲示表は参考になる。日直の仕事は学級によって多少異

なるが、円滑な学校生活及び学級生活をおくる上での当番活動の意義をよく伝えることが大切である。

次に、係活動の決定である。係活動は学級生活に活力、潤い、楽しみなどを与えている。当番活動との違いをよく理解させたい。学期交代の新聞係、花係、クイズ係、体育係、落し物係など、様々であり学級担任の指導の持ち味を出せるものである。このなかには創意工夫をしやすい係と当番的要素を含む係がある。設置する係の数や名称は学級によって異なるが、級友と力を合わせてよりよい生活を築こうとする自主的、実践的な係活動を目指すことがポイントである。係活動を育てるには、活動時間と掲示コーナーの保障、適切な評価や日常の学級担任の声かけが必要である。係活動の充実した学級はよい雰囲気を作り出す。

さらに、当番や係以外の学校の組織への所属を決めることである。代表委員会、委員会（運営委員会を含む）、クラブへの所属である。学級代表委員の決定は中学年以上、委員会への所属は5・6年生、クラブへの所属は4年生以上となっており、これらの調整も学級担任の仕事である。

2　計画委員会

学級の組織づくりで忘れてはならないのが計画委員会である。学級の集会と生活上の諸問題について、話し合いの準備をするのが計画委員会（5名程度）である。議題箱などを活用して集会や生活の議題を集めることから始まる。児童に任せることができない安全や金銭などの議題を除き、関心度・緊急性など一定の目安のもとで、学級担任の助言を得ながら集まった議題の処理先を考える。1単位時間かけて話し合う議題は計画委員会、児童に任せられない議題は学級指導、簡単に処理できる議題は朝の会、全校にかかわる議題は代表委員会などに分けられる。それを学級全員の了解のもとに決める。計画委員会が機能し、児童の自主的な活動を導くためには、学級全員が計画委員会の役割をよく理解していることが重要である。計画委員は、議題収集・分類・話し合い・実践に至る活動日程を知らせ、協力して活動することが必要である。

計画委員には、話し合いの順序を指導しなければならない。特に司会者の育成は重要である。中学年からは誰もが計画委員を経験できるように輪番制にしたいが、固定的に学級会係が計画委員会の仕事をしている場合もある。通常、話し合いの役割分担は、司会1名・副司会1名・黒板書記1～2名・ノート書

記1名の5名程度で構成される。司会者を育てるとともに、話し合いのできる児童を育てていくことは重要なことである。そのためには、教科指導との相互補完的な指導が必要である。

3　話し合いの議題

1単位時間をかけて話し合う学級の議題は大別して2つある。

1つ目は、学級生活を充実させる集会である。誕生会、お楽しみ会、スポーツ集会などである。転校生を送る会、全校集会への学級の出し物なども考えられる。スポーツの議題は比較的よく出やすい議題なので、あらかじめ年間の集会の実施回数の目安を伝えておく必要がある。話し合いの過程で学級全員が意思決定にかかわる経験を重ねると社会性の育成につながる。

2つ目は、学級の生活上の諸問題である。児童からはなかなか出にくい議題なので、議題集めには助言や指導が必要である。「雨の日の過ごし方」「ボールの使い方」などの議題が考えられる。児童の自治の範囲で解決できることが議題に選定される条件である。話し合いで決まったルールを守ろうとする経験の積み上げが、児童期の発達課題にプラスに働く。

いずれの議題の場合も、話し合い活動を活性化するためには、事前に話し合いシートを配布して意見を考えてこさせて、積み上げていく指導が求められる。児童の気持ちを動かすのは、ちょっとした学級担任の継続した配慮である。

話し合いの順序や役割を記した活動計画をもとに、計画委員や一人ひとりを話し合いのできる学級集団に育てていかなければならない。各教科の指導においても育てる目標を共有し、相互補完的に話し合いのできるように指導することが望まれる。

次に、学級活動(2)の日常の生活や学習への適応及び健康や安全に関する学級指導的内容について、学級担任の指導の具体例をみてみよう。

「学級のめあて」「むし歯と歯磨き」など、1単位時間をかけて考える題材もあれば、「図書館の約束」のように教師主導で指導する題材もある。学年年間指導計画に表示された指導のテーマだけでなく計画委員が集めた議題のなかにも、学級指導に値する題材がある。

学級指導的内容の学級活動の展開過程をみてみよう。

事前段階において、題材に関する実態を把握し、本時で活用する資料の作成

をしておく。本時の導入では、作成した資料などを用いて自分や学級の問題であるという意識の共有を図る。展開では原因をさぐり解決方法を検討する。終末は実践へ向けての決意表明の形をとらせる。また、事後指導は継続性をもたせることが大切で、自己評価や学級評価をもとに達成感の体感や問題点の改善に努めることが重要である。

　このような一連の指導を通して、学級生活の充実や向上と児童の健全な生活態度の育成を図ることになる。

参 考 文 献
文部科学省『小学校学習指導要領解説　特別活動編』東洋館出版社、2008年。
宮川八岐『[特別活動] 実践チェックリスト』教育開発研究所、2005年。

第2章 児童会活動の指導

1 児童会活動のねらいと特質

　児童会活動については、学習指導要領第6章第2では、「児童会活動を通して、望ましい人間関係を形成し、集団の一員としてよりよい学校生活づくりに参画し、協力して諸問題を解決しようとする自主的、実践的な態度を育てる。」と示され、また、同第6章第3の2の(3)では、「児童会活動の運営は、主として高学年の児童が行うこと」と示されている。そして、学習指導要領解説には、その意義が「児童会活動は、学校生活を共に楽しく豊かにするために学校の全児童をもって組織する異年齢集団の児童会によって行われる活動である。」と、また、そのねらいが「児童会活動は、このような児童会の集団における望ましい集団活動を通して、望ましい人間関係を形成し、集団の一員としてよりよい学校生活づくりに参画し、協力して諸問題を解決しようとする自主的、実践的な態度を育成すること」と述べられている。児童会活動は特別活動の目標のうち、とりわけ集団の一員としての自覚や自主的・実践的な態度の育成をめざしているといえ、このようなねらいのもと、児童は一つひとつの活動の事実を通して、学校の一員としての所属感や連帯感、集団の一員としての自覚を身につけていくものである。児童会活動の特質としては、1つには、異年齢の集団による集団活動、2つには、教師の適切な指導の下に全児童で組織する児童会活動を通して行う自発的、自治的な活動、3つには、児童の自主的、実践的な態度を高め、豊かな人間性、社会性を養う活動などをあげることができる。このような活動を高学年の児童が中心となって進めていく際に、教師は児童の実態を十分把握し、全校児童の意向が反映されるように配慮したり、児童の手で解決できそうでない場合はその条件を明確にして指導したり、活動内容がふさわしいものか、児童の負担過重になってないかなど配慮して指導する必要がある。なお、指導にあたっては、学級活動との関連を十分考慮しなければならない。

2 児童会活動の活動形態

児童会活動の活動形態は、次のように大別される。

1 代表委員会
学校生活の充実と向上、学校生活に関する諸問題を話し合い、解決を図る活動を行う。主として高学年児童が運営し、学級の代表者、各委員会の代表者などが参加するのでかなりの人数になる。月1回程度定例会を開く。代表委員会を効率的に運営するには、教師の指導が求められる。

2 委員会活動
学校内の自分たちの仕事の分担や処理などをする活動を行う。その活動は自分たちの発想と創意工夫などによって展開される。主として高学年児童がいくつかの委員会にわかれ、学校生活の向上発展を図る。全校的な視野に立ちながらも、各学級とのつながりもあり、子どもたちにとっては身近な活動である。人や時間の問題もあるので、教師の指導が求められる。

具体的には放送委員会、新聞委員会、環境美化委員会、飼育栽培委員会、集会活動委員会、図書委員会、保健委員会、給食委員会、運動委員会、福祉ボランティア委員会など各種委員会活動がある。月1回程度活動する。

3 児童会集会活動
児童会の主催で行われる集会活動である。全校児童集会や学年児童集会などがある。児童の自発的・自治的な集会活動で、教師が計画し学校行事として行うものとは異なる。楽しい、うれしい活動の集会や学校生活でおこってくる諸問題を話し合ったりする集会などがある。学期に1回程度のロングの集会と毎週か隔週ごとのショウトの集会がある。

例として、1年生を迎える会、6年生を送る会、老人ホーム訪問などがあるが、会の企画運営は高学年の児童が担当することになっていても、教師の細かい指導が求められる。どの部分を子どもたちに任せ、どの部分が任せられないのかを明確にし、指導するとともに、子どもたちに「自分たちの力でできた」という実感をもたせることが大事である。

ところで、第1節でもふれたが、児童会集会活動（全学年）の特質の1つに異年齢のかかわりを重視した集団活動、縦割り集団活動がある。今日の私たちを取りまく社会をみわたしたとき、科学や高度情報網のめまぐるしい進歩、経済的物質的に豊かな生活の一方で核家族化、少子化、地域や家庭の変貌、生活体験の乏しさ等々からか、自分以外のことに関心をもつことが少なく、人と人との人間的なかかわりが希薄になってきている。また、児童生徒の問題行動として、いじめや不登校、暴力行為などが増加傾向にある。以前は自然にあった異年齢間のふれあいや遊びの場が少なくなり、相手をいたわる心や相手の立場にたって考えることが希薄になってきているといわれる。このようなことを補う意味からも異年齢のかかわりを重視した集団活動が縦割り集団活動である。異学年の構成による集団は、同学年児童の構成による学級集団とくらべ、実際の社会により近い集団といえる。縦割り集団活動を行う時、互いを思いやる豊かな心、集団の一員としての自覚と自発的な態度、協同の心を育成することが期待できる。縦割り集団活動は教育活動の様々な場面で設定され、日常化されていくことが大切である。日常化を図っていくためには様々な場面で無理のない継続可能な縦割り集団活動を位置づけることが大切である。児童の自発的自治的活動の場である児童会活動に縦割り集団活動をいちづける例として、朝の集い、縦割り活動（毎月1回、15分程度、朝の時間、縦割り班ごと）、ロングの集会、新入生歓迎遠足、お別れ遠足、日々の清掃などが考えられる。上級生は下級生の状態を考えた行動ができるよう、下級生は上級生の素晴らしさや支えに気付いて行動ができるよう、教師に、意識化をはかるための児童へのことばかけが望まれる。

　また一方で、縦割り集団に生じやすいマイナス面も考えにいれておきたい。比較的なじみやすい人間関係や気軽にことばをかけやすい同年齢の集団に比べ、縦割り集団では気心のしれた関係づくりにある程度時間がかかったりして、コミュニケーションがうまくいかなかったりすることもある。また、上級生が必要以上に責任を感じて悩んだり、下級生に対して弱い者いじめをすることもあるだろう。教師としては、その状況をよく見極め、適切な指導をすることも必要である。

3 児童会活動の指導計画

指導計画の作成

児童会活動を生き生きと展開するためには、学校の特別活動の全体指導計画に基づいて児童会活動の指導計画を作成する必要がある。指導計画を作成する際には、次の事柄等に留意するとよい。

① 指導のねらいを明確にすること。
② 児童の実態に即すること。
③ 学校の規模や状況・地域の実態に即すること。
④ 全校の教師が協力して作成すること。
⑤ 他の教育活動との有機的な関連を図ること。

また、児童の活動として取り上げるべき具体的な内容、方法、時間などについて基本的な枠組みを定めておくとよい。そうすれば、実際の活動は児童の手によって、一層具体的な活動計画になり、弾力的、融通性に富むだろう。
基本的な枠組みの事項は以下の通りである。

① 実施学年……全校か学年なのかその対象をあきらかにする。その運営には主として高学年の児童が当たるが、小規模学校の場合には中学年の児童からその運営に参加することもある。
② 各種委員会への所属……学級や学年が異なる児童の一人ひとりの個性が発揮され、相互に協力して活動できるようにする。また、やむを得ない場合を除き、1年間は同一の委員会に所属して活動することが望ましい。
③ 活動時間の設定……学習指導要領第1章総則第3の2に、「年間、学期ごと、月ごとなどに適切な授業時数を充てるものとする。」と示されている。代表委員会、各委員会の活動は月1回程度、集会活動の時間は学期1～2回程度が考えられるだろう。

4 児童会活動の指導上の留意点

児童会活動はいずれも児童の自発的、自治的な活動を基本としている。だか

ら、活動の結果や能率にこだわることなく、活動の過程そのものが大事となる。活動のなかで、一人ひとりが発揮する力を評価する指導姿勢が求められる。次に指導上の留意点をあげてみる。

(1) 児童会活動の組織運営にあたっては、学校として一貫した指導体制のもとに行い、児童会が専制的にならないようにする。
(2) 毎年扱われる議題を固定化するのではなく、一人ひとりの児童の意見や考えを十分反映できるように配慮し、児童にとって楽しく、生き生きとした学校生活になるよう適切な指導を必要に応じて行う。
(3) 全児童が学校生活上での問題に意識を高く持ち、自主的、自発的に取り組み、学校生活の充実、向上を図るようにする。
(4) 児童会活動に対する教師の共通理解と協力体制を確立し、福祉ボランティア活動の場合などには、家庭や地域との連携をよりいっそう図る。
(5) 児童会活動と学級との連携においては、具体的な活動で連携したり、学級と結びつく具体的な工夫（例、朝の会や終わりの会の活用、学級学年の掲示板の活用など）をして連携したりして、学級活動の指導の積み重ねで育った力が児童会活動の実践に生きるようにする。
(6) 意欲的に活動に取り組ませる配慮として、活動内容が児童の発想によるよう助言したり、児童の活動を認める場（例、掲示板、新聞、お昼の放送、全校朝会などを利用）を設定したりする。
(7) 児童会集会活動においては、計画立案、準備の時、限られた時間であるので、時間配分をよく考えさせたり、前年度の活動計画や反省などを提示して活用させたりする。

5　児童会活動の評価

　評価とは教師が一方的に子どもを他の子どもと比較して優劣をきめたりするものではなく、学習指導の過程や成果に着目し、子どもの姿がどのように変容したかをとらえ、その変容からその子のよさや進歩の状況を積極的によみとることであると考える。教師側からみると、評価は指導の一環として、子ども理解と目標実現がどのような状況にあるかという確認の機能をもち、子ども側からみると、学習の一環であり、より学習を着実に進めていくための原動力の機能をもつもので、評価のための評価になってはならないのである。次に、児童

会活動の評価について、考えてみたい。児童による自主的自治的な活動をささえるため、教師による評価の場づくりと生かし方が求められている。
（1）評価の観点について
・「適切な指導の下に」展開されるものであるから、教師の指導の在り方について評価すること。
　（例）特別活動の全体計画に基づき適切に実施されたか。
・「望ましい集団活動」であるので評価の対象として集団活動はいうまでもないが、「心身の調和のとれた発達と個性の伸長を図る」ことも目標であるので、一人ひとりの活動について評価し、とくに活動の過程を捉えて評価すること。
　（例）児童一人ひとりのよさが発揮され、個性の伸長が図られたか。
　（例）異年齢集団活動が充実し、学校の生活が向上したか。

（2）評価の内容について
〇指導に関すること
　① 指導計画について
　　児童会活動の特質をいかしていたか、児童の発達段階に応じた内容であったか。など
　② 指導の方法や過程について
　・児童一人ひとりのよさを伸ばすよう指導助言したか。
　・自発的、自治的活動を伸長さすよう指導助言したか。
　・教師側の指導体制は確立していたか。
　・活動量が児童にとって負担でなかったか。
　・活動後、児童の達成感や次への実践意欲が高まったか。
　・次回への工夫や課題が明確になったか。
　・指導計画については児童会活動の特質をいかしていたか。など
〇児童に関すること
　・意欲をもって自ら進んで活動し、工夫をしていたか。
　・自己のよさに気づき発揮できたか。
　・上級生や下級生と力をあわせ、認め合い支え合い、集団への所属感は高まったか。
　・友だち関係はひろがったか。

・役割を理解し、責任を果たしたか。など
○集団活動に関すること
　・自発的、自治的に活動はされたか。
　・児童会の組織は適切で、民主的に運営されたか。
　・目標や課題が集団にとって共同のものになっていたか。
　・思いやりの心を持って互いに協力して活動していたか。など

（3）評価の方法
　○教師の評価……（例）指導の記録や資料、アンケート調査、観察記録　面談記録　など
　○児童の評価……（例）自己評価、相互評価、感想文　など
　○その他の評価……（例）参観者の感想、これまでの記録　など

参考文献

文部科学省『小学校学習指導要領解説　特別活動編』東洋館出版社、2008年。
宮川八岐編集『全訂特別活動読本』教育開発研究所、2000年。
相原次男・新富康央編著『個性をひらく特別活動』ミネルヴァ書房、2001年。
原清治編著『特別活動の探求』学文社、2007年。
末政公徳・富村誠編著『特別活動の創造的実践〔第2版・増補〕』学術図書出版社、2005年。
教職問題研究会編『教科外教育の理論と実践Q&A』ミネルヴァ書房、2007年。
高旗正人・倉田侃司編著『新しい特別活動指導論』ミネルヴァ書房、2004年。

第3章 クラブ活動の指導

1 クラブ活動のねらいと評価

　クラブ活動は、主として4年生以上の児童を対象に行われるものである。学校の実態によっては、第3学年や低学年からクラブ活動に参加も考えられる。
　クラブ活動の内容は、学習指導要領で次のように示されている。

> 　学年や学級の所属を離れ、主として第4学年以上の同好の児童をもって組織するクラブにおいて、異年齢集団の交流を深め、共通の興味・関心を追求する活動を行うこと。

　クラブ活動のねらいは、学習指導要領解説・特別活動編で以下のように述べられている。これはクラブ活動の特質であり、クラブ活動の目標に該当する。

> 　異年齢の集団活動を通して、望ましい人間関係を形成し、個性の伸長を図り、集団の一員として協力してよりよいクラブづくりに参加しようとする自主的、実践的な態度を育てる。

　簡潔に言えば「児童の自発的自主的な活動を通して、個性の伸長や社会性、自主性を図る」ことが、クラブ活動のねらいである。クラブ活動の時間には、一クラブ担当者として、指導計画の下にクラブの運営をしなければならない。
　以下に、クラブ活動の評価について述べる。
　学年末に、学級担任は指導要録（公簿）に児童一人ひとりの評価をしなければならない。クラブ活動の趣旨に照らして、「十分満足できる状況にあると判断される場合にのみ、○印を記入する」となっている。評価基準例を示せば

「自己の興味・関心を意欲的に追求し、他と協力して課題に向けて創意工夫して活動している」などである。総合所見には顕著なクラブ活動の事実があれば記載する。

また、クラブ担当者は、学期末・学年末に記録カードを活用して、クラブのねらいを踏まえた評価項目に対して◎○印で自己評価をさせることができる。同時に、顕著な努力について書かせておくとよい。クラブ担当者の評価コメントは、児童の活動の様子を見ていない学級担任にとって有益な情報となる。

クラブ活動は学級集団とは異なる貴重な異年齢交流の場である。人間関係の希薄化が問題となっている今日、大切にしたい活動の1つである。

2 クラブ活動の種類

小学校に設けるクラブの種類や数は、学校規模や学校環境、指導者の有無、地域の人材、地域性等の諸条件により異なる。以下、全国の様々なクラブの例をあげる。

サッカー、ソフトボール、陸上、ドッジボール、バスケットボール、一輪車、体操、卓球、グランドゴルフ、ゲートボール、ハンドベースボール、なわとび、球技、バドミントン、バレーボール、エアロビクス、バトン、サイクリング、スキー、アウトドア、釣、和太鼓、音楽、演劇、手話、ボランティア、ものづくり、焼き物、茶道・華道、書道、日本文化、歴史研究、昔の遊び、囲碁・将棋、編み物、料理、科学、生き物、ビデオ・パソコン、アマチュア無線、英会話、ワールド、マンガ・イラスト、手品、伝統芸能など

教師の特技を生かしたクラブを新設することも可能であるが、転勤により継続が困難になるので常設可能なクラブになってしまうことが多い。しかし、常時あるいは部分的に地域人材の継続的な協力が得られる場合、状況は異なる。

これらのクラブのなかには、各教科と関連があるものもあるが、児童の興味・関心を重視し、教師主導の教科的な色彩の濃い活動にならないように配慮しなければならない。また、クラブ活動によっては多少なりとも費用のかかるものもある。児童にとって楽しいはずのクラブの事故もあるので、それぞれのクラブ活動の安全を考えた指導を常に心がけねばならない。

3　クラブへの所属

　児童のクラブ所属は、新学期が始まって、クラブ希望調査をもとに調整の上で決定される。クラブ巡り、自由見学、給食時間を利用したビデオ紹介、舞台発表、特別教室での作品展示会などを通して、児童はどのクラブに所属するか意思決定することになる。
　クラブへの所属は児童の希望が優先されるべきであるが、活動可能な人数であるかなども考慮しなければならない。希望通りのクラブへ入ることのできる児童のいる反面、希望調査をもとにした人数調整の結果、第2希望のクラブに所属する場合もある。児童の活動意欲にかかわることなので、クラブを決める前の指導とクラブ決定後の事後指導のあり方が重要である。

4　クラブ活動の展開

　クラブの活動は、学校の施設・設備、地域の特性など諸条件を考慮し、工夫して実施しなければならない。
　クラブ活動の授業時数の取扱いは、学級指導のような基準はなく、「適切な授業時数を充てる」となっている。昨今、各学校が各教科の授業時数の確保に重きをおく傾向にあり、クラブ活動の時間は「弾力的に編成すること」の下に、毎週確保するのは難しい状況にある。毎週1回と定期に位置付け、授業時数の確保をしているケースもあるが、確保できない場合には、1単位時間を通例より長くとって対応しているケースもある。
　以下に、クラブ活動の1年間の概要を紹介しよう。

> Ⅰ　クラブの計画・運営に関する話し合い……1単位時間
> 　　役割―クラブ長、副クラブ長、記録など
> 　　活動のめあてと活動計画
> Ⅱ　共通の興味・関心を追求する……毎時間の活動
> 　　毎回の準備・活動・片付け
> 　　活動内容の充実

Ⅲ　活動の反省……1単位時間
　　　　学期末・学年末の評価
　　Ⅳ　クラブの成果を発表する……設定時間
　　　　3年生のクラブ巡り　自由体験　ビデオ紹介発表　舞台発表　作品展示など

　クラブ活動の中心はⅡの毎時間の活動である。学校生活の楽しみとなり、人間関係を築く機会であるので充実したものにしたい。数あるクラブのなかから、卓球クラブとワールドクラブの活動について述べる。
　「卓球クラブ」……このクラブは場所、人数、台数、道具などの条件を考慮した活動を考えなければならない。ただ打ち合いをして楽しむだけではなく、技能の向上や試合を楽しむことも重要である。試合の方法、練習の方法、待機児童の参加のさせ方など、教師の助言と指導のもとにアイディアを出せば、マンネリ化することなく所属児童一人ひとりが満足のいく活動になる。
　「ワールドクラブ」……このクラブは国際化、国際理解教育の高まりのなかで誕生した。その中身は、担当者や学校環境を反映したものである。「外国人と交流」「インドカレーづくり」「外国の遊び」などの活動がある。このクラブ担当には、教師自身の興味・関心、経験、力量も活動の成否に影響する。しかし、教師主導にならないように児童に準備や役割分担をさせて、協力させることが大切である。外部との交渉や費用を伴う活動については、管理職と相談の上で進めなければならないが、創意工夫の発揮できるクラブ活動と言える。
　小学校のクラブ活動は、児童にとって楽しみな時間の1つである。クラブ担当者は、毎時間の活動を通して、児童の自主性や社会性、個性の伸長を図るように努めたい。

参 考 文 献

文部科学省『小学校学習指導要領解説　特別活動編』東洋館出版社、2008年。
翔び梅ネットサークル『特別活動運営のシステム化　行事・クラブ・集会指導・学級指導の技』明治図書出版、2005年。

第4章 学校行事の指導

1 儀式的行事の指導

1 儀式的行事のねらい

　儀式的行事については、学習指導要領では、「学校生活に有意義な変化や折り目を付け、厳粛で清新な気分を味わい、新しい生活の展開への動機付けとなるような活動を行うこと。」と示されている。そして、学習指導要領解説には、ねらいが「児童の学校生活に一つの転機を与え、児童が相互に祝い合い励まし合って喜びを共にし、決意も新たに新しい生活への希望や意欲をもてるような動機付けを行い、学校、社会、国家などへの所属感を深めるとともに、厳かな機会を通して集団の場における規律、気品のある態度を育てる。」と述べられている。この行事は、全校の児童・教職員全員が一堂に会して行う教育活動であり、日常の学習の成果を生かすとともに、児童が自主的、主体的に参加できるよう工夫したり、厳かな雰囲気を保ったり、新しい生活への期待や希望などを体感させることが大切である。具体的には、入学式、卒業式、始業式、終業式、修了式、開校記念に関する儀式、離着任式、朝会（朝礼）などがあるが、次のようなことに留意すべきである。

① 学校の教育目標をふまえ、各行事のねらいをはっきりさせ、学校の伝統や形式を重んじるなかにも、できるかぎり児童の自主的な活動を取り入れること。
② 学級活動や児童会活動などにおける指導との関連を図りつつ、学校、社会、国家の一員としての連帯感の育成を図る。
③ 児童同士が集団のなかでともに生活しているという自覚を培い、仲間意識を高める。

　儀式的行事から受ける感銘が大きく、内面的な成就感が得られれば、その後の児童の学校生活に良い影響を与えると思われる。前述の主な儀式的行事（入

学式、卒業式、始業式など）にはそれぞれねらいがあるが、それぞれの性格に応じて、各学校の特色や児童および地域の実態を考慮し、さらに具体的なねらいをたて、綿密な計画のもと指導することになる。

2　指導計画を作成する手順上の留意点

　まず、学校の教育目標を受けた特別活動の全体計画が作成される。次に、学校行事の全体指導計画が立てられ、そのうえで、儀式的行事が計画される。全教職員の共通理解のもと、全員の力を結集して厳粛で清新な、かつ感動を生み出すことのできる指導計画を作成する必要がある。その時の留意点として、次のようなことが考えられる。

　　ア、ねらいを具体的に設定する。そうしないと、他の行事と重複し、マンネリ化することが考えられる。ねらいの共通理解が重要である。
　　イ、儀式的行事の年間指導計画のもと、個別の行事の計画が作成される。その時、できるかぎり児童会役員などの児童代表の参加を考えるとよい。
　　ウ、実施日から考えて、準備に必要な日数を割り出し、他の教育活動との関連性を図る。

3　指導上の留意点

　他の学校行事と比べてみると、児童の参画や活動の場が少ないほうで、創意工夫することにおいても教師側の主導になりがちで、前年度を踏襲することに慣れている傾向がみられる。学校行事全体のなかでも、儀式的行事の占める割合は比較的多いほうなので、より一層創意を凝らして、児童にとって、いつまでも心に残る感動づくりに努めねばならない。このようなことから、次に主な留意点をあげてみる。

　　ア、儀式的行事の主人公は児童であること。
　　イ、児童の活動場面のある時は、内容の理解などを図り、時間と場所を確保すること。また、児童の発想も生かし、活躍の場を与える。
　　ウ、事前・当日・事後の評価を適切に行い、実態に応じた改善策を講じる。
　　エ、児童の健康、安全には万全をこころがける。
　　オ、日常の自律的な生活の積み重ねの大切さをわからせ、儀式の規律にふ

さわしい礼儀、マナーをこころがける。
カ、全教職員で児童の内面に働きかけ、一人ひとりの心に達成感・成就感を味わわせる。

2 文化的行事の指導

1 文化的行事のねらい

　文化的行事については、学習指導要領では、「平素の学習活動の成果を発表し、その向上の意欲を一層高めたり、文化や芸術に親しんだりするような活動を行うこと。」と示されている。そして、学習指導要領解説には、ねらいが「児童が学校生活を楽しく豊かなものにするため、互いに努力を認めながら協力して、美しいもの、よりよいものをつくり出し、互いに発表し合うことにより、自他のよさを見付け合う喜びを感得するとともに、自己の成長を振り返り、自己を伸ばそうとする意欲をもてるようにする。また、文化や芸術に親しみ、美しいものや優れたものに触れることによって豊かな情操を育てる。」と述べられている。このねらいを明確におさえたうえで、企画・立案し、展開していくことが大切である。文化的行事としては、学芸会、学習発表会、音楽会、読書感想発表会、クラブ発表会などの児童の学習成果を発表するものと、映画鑑賞会、音楽鑑賞会、演劇鑑賞会、地域の伝統文化等の鑑賞会などの児童の自作でない作品や催し物を鑑賞するものとがある。指導においては、特定の児童だけが参加・発表するのではなく、全員が参加し、各自の能力や特性などを生かした行事になるよう工夫すべきである。

2 計画的・総合的な取り組みを

　文化的行事は学校または学年の全児童が集団として取り組むところの活動である。それゆえ、指導計画は計画的・意図的に立案され、他の教育活動と調和のとれたものでなくてはならない。文化的行事のなかで、各教科などとの関連の深い行事では、時間数においても適切に配当されるよう配慮される必要がある。もっとよいものを、もっとすばらしいものをという教師の熱意から、最初の予定時間数を大幅に超えていたという場合が現実におこる。このような場合について、学習指導要領解説では、次のように述べている。「練習や準備に過大な時間をとり、児童に過重な負担をかけることのないように、練習、準備の

在り方を工夫、改善するとともに、行事の年間計画を作成する際にあらかじめ適切な時間を設定しておくようにする。」

　計画的に取り組みを行うことは、行事の重点化、行事間の統合、精選につながることである。

　文化的行事は、各教科などにおける日頃の学習の成果を総合的に発展させるものであり、その向上の意欲を一層高めるものであるから、内容的にも各教科などとの関連が深い。ややもすると、単に学習の成果を発表するだけになりがちなので、児童の考え、願いなどを大事にし、その学習の成果を総合的な視点から発表させたり、お互いに鑑賞させたりすることが大切である。学習指導要領解説に述べられているように、その活動の過程や運営において、児童の発表意欲を尊重し、児童の自主的な活動が展開できるよう計画するとともに、その活動で培われる、児童一人ひとりの自己存在感や所属感・連帯感などを指導者は大切にしたいものである。

　また、総合的な学習の時間との関連においては、特別活動で芽生えた児童の興味・関心を総合的な学習の時間に生かしたり、総合的な学習の時間で身につけた資質・能力を特別活動に生かしたりというような、相互環流的な関連の在り方がもとめられているところである。

3　触れ合う活動を

　学習指導要領第6章第3では、「また、実施に当たっては、異年齢集団による交流、幼児、高齢者、障がいのある人々などとの触れ合い、自然体験や社会体験などの体験活動を充実するとともに、体験活動を通して気付いたことなどを振り返り、まとめたり、発表し合ったりするなどの活動を充実するよう工夫すること。」と述べられている。これは、文化的行事の在り方や充実の在り方を指し示していると捉えることができる。例えば、学芸会や学習発表会、音楽会などを実施する場合に校区内の幼稚園・保育所などにも働きかけ、幼児、高齢者、障がいのある人々もともに参加できるようにしたり、また、音楽発表会や演劇発表会などでは、地域の高齢者、障がいのある人々を招待したり、校区内の中学校などのクラブや地域サークルなどに働きかけ、児童とともに演奏したり、演じたりなどすることによって、感動する豊かな心、思いやりの心、ともに生きていこうとする心などが児童の心に育まれる。

　このような活動を積極的に進めていく場合の主な配慮事項を次にあげてみる。

ア、参加しやすいように、期日や時間などを考慮する。
　　イ、年度初めに年間計画をたて、関係諸団体の会と事前に十分打ち合わせを行い、関係諸団体の年間計画に位置づけてもらう。
　　ウ、事前の指導を十分に行い、人権が侵害されることのないようにする。
　　エ、児童の発達段階を考えて、無理なくねらいが達成できるようにする。
　　オ、事故防止のために万全の計画をたて、不測の事態に対して、適切に対応できるようにそなえておく。

3　健康安全・体育的行事の指導

1　健康安全・体育的行事のねらい

　健康安全・体育的行事については、学習指導要領では、「心身の健全な発達や健康の保持増進などについての関心を高め、安全な行動や規律ある集団行動の体得、運動に親しむ態度の育成、責任感や連帯感の涵養、体力の向上などに資するような活動を行うこと。」と示されている。そして、学習指導要領解説には、ねらいが「児童自らが自己の発育や健康状態について関心をもち、心身の健康の保持増進に努めるとともに、身の回りの危険を予測・回避し、安全な生活に対する理解を深め、さらに、体育的な集団活動を通じて、心身ともに健全な生活の実践に必要な習慣や態度を育成する。また、児童が運動に親しみ、楽しさを味わえるようにするとともに体力の向上を図る。」と述べられている。この行事には、健康診断や給食交流会、給食に関する意識を高めるなどの健康に関する行事、交通安全教室、防犯教室、避難訓練、自転車の乗り方教室など安全に関する行事、運動会、球技大会、陸上記録会、水泳大会、持久走大会などの体育的な行事などが考えられる。内容によっては、PTA、他校、他機関と連携し実施することもある。健康安全・体育的行事の充実としては、これら三つの種類の行事の特色を生かした実施の工夫が必要である。

　その際の主な留意点をあげてみる。
　　(1)　児童の心身の状況を把握すること。なによりもまず、児童の心身の健康状況を適切に把握して指導に望み、配慮を要する児童について全職員が共通認識し、事故防止に努める。
　　(2)　実施に至るまでの過程を大切にする。例えば、運動会などの場合、できばえや結果を気にしすぎず、児童の運動会であることを忘れないよう

にするとともに、児童の自主的な活動を大切にし、児童一人ひとりの努力の過程を認める。
(3) 実態に応じた実施時期と場面の工夫
　　病気の予防など健康に関する行事や避難訓練、交通安全・防犯などの指導にあたっては、学校や地域の実態に即して実施し、児童の発達段階を踏まえて、総合的、組織的に行う工夫が必要である。

2　健康安全・体育的行事の充実について
（1）健康に関する行事（健康診断など）

　健康診断は、ややもすると、身体計測や医者の検診のみに終始してしまうことがあるが、健康診断の年間の行事を通して、「児童自らが自己の発育や健康状態について関心を高めること」を重視する必要がある。例えば、学級活動の時間に健康に関する指導を行い、健康に対する意識づけを行う。学級活動で扱う「健康や安全」に関しては、学習指導要領解説に「(カ) 心身ともに健康で安全な生活態度の形成」として具体的に内容が挙げられている。全学級あるいは学年に必要な内容を、健康診断や日常行われる生徒指導と関わらせながら、指導を進めたり、児童会などの集会の時、健康に関する働きかけをしたりして、効果的に意識を高めることが大切である。

（2）安全に関する行事（避難訓練など）

　避難訓練は具体的な場面を想定して行われるが、形式的にならないようにすることが大切である。安全で安心な生活をおくるために、危険を察知し、事故や災害が起こった時には適切な行動がとれるような能力を身につけさせなければならない。

　　ア、学校の安全年間計画に基づき、すべての教育活動との関連や日常の生徒指導との関連を大切にする。
　　イ、児童が遭遇するであろう場面や状況をいろいろ想定した取り組みを行い、年に数回実施し、身につけさせる。
　　・災害（地震、風水害、火災、不審者の侵入など）
　　・時（登下校、授業中、休憩時、昼休み、清掃時、放課後など）
　　・場所（教室、特別教室、廊下、校庭、通学路など）
　　ウ、警察や消防署、PTA、青少年健全育成協議会、地域子ども見守り隊などの関連機関と連携し、児童が切実感・緊迫感をもって訓練に参加で

きるようにする。
　エ、遠足・集団宿泊的行事における避難の仕方や安全について、適宜指導しておくこと。
（3）体育的な行事（運動会など）
　運動会は、平素の学習活動の総合的な発展の場であるので、関係する活動を年度初めから各教科、道徳、特別活動（学級活動、児童会活動、クラブ活動）などの指導計画に位置づけ、児童がどのように参加し、何を経験し、何を学び身につけることができたかを大切にした指導が必要である。また、地域との連携を図ったり、保護者、PTAの役員の協力を得たりして、地域社会の人々との交流を図ることにより、地域の特色も生かし、児童の地域社会の一員としての自覚や社会性を培ったりするよい機会とする。

4　遠足・集団宿泊的行事

　小学校時代の一番の思い出に「修学旅行」や「遠足」をあげる児童が多い。日常の学校生活では得がたい豊かな体験や経験を得ることが出来るからと考える。
　遠足・集団宿泊的行事は2008（平成20）年改訂学習指導要領で次のように示されている。

　　「自然の中での集団宿泊活動などの平素と異なる生活環境にあって、見聞を広め、自然や文化などに親しむとともに、人間関係などの集団生活の在り方や公衆道徳などについての望ましい体験を積むことができるような活動を行うこと。」

　普段の学校生活とは異なる生活環境に身を置いて、体験的な集団生活を行うところが他の学校行事にはみられない大きな特徴である。
　活動の場が校外に変わることは単調になりがちな学校生活に変化を与えることであり、それは児童相互および教師と児童のかかわりを一層深め、普段には見られない児童の新たな一面を発見するよい機会になる。
　また、校外の豊かな自然・文化にふれて見聞を広め、集団の一員としての自覚を高め、集団生活におけるルールやマナー、公衆道徳などの社会性を身につけさせる機会になる。
　つまり、自然に親しむ、文化にふれる、体力をつける、集団づくりに役立て

る、公衆道徳の実践的態度を養うなどが具体的なねらいである。

　遠足・集団宿泊的行事として考えられるものには、「遠足」「修学旅行」「野外活動」「集団宿泊」などがある。

　どの行事においても、体験の質によって成果に大きく差がでると言えるため、児童・学校・地域の実態を踏まえながら綿密な計画のもとに取り組むことが重要である。

　また、児童の学ぶ意欲を大切にしながら、課題をもち、追求していく活動過程を重視するような行事内容の工夫が必要である。

　「遠足」の例では、物見遊山的な活動から脱却するため、オリエンテーリング、遠足先でのインタビューや調査活動、さまざまな体験活動などを組み込んだりする。

　「全校遠足」や「複数学年合同遠足」の取り組みでは「たてわり班」「清掃班」「集団登校班」などの"異学年集団"による活動を工夫する。

　兄弟姉妹が少ない日常生活のなか、このような活動を行うことで、上学年はリーダーシップを身につけ自覚と責任を学び、下学年はその姿やかかわりを通して協力や感謝を学ぶことが出来る。

　「修学旅行」の例では、平和学習の一環として広島方面に行っている学校や、スキー、自然体験、海洋体験を「修学旅行」として位置づけている学校もある。

　いずれの行事においても他の教科・領域や道徳、総合的な学習の時間と十分に関連させながら、感動体験や成就感を十分に味わわせ豊かな心と社会性や育てることが大切である。これが、児童の「人間力」を高めることにつながると考える。

5　勤労生産・奉仕的行事

　勤労生産・奉仕的行事では、学校内外の生活のなかで、勤労生産やボランティア精神を養う体験的な活動を経験することによって勤労の価値や必要性を体得できるようにするとともに、自らを豊かにし、進んで他に奉仕しようとする態度を育てることをねらっている。つまり勤労生産・奉仕的行事の活動を通して「勤労を尊ぶ心」や「思いやり」、「感謝の心」などを育み、豊かな人間性の育成をめざすものである。行事の特質は次のとおりである。

・勤労という人間形成上で重要な価値を持つ活動である。
・生産の喜びという勤労の成果や活動自体に対する喜びを享受できる活動である。
・他者や社会への奉仕の精神を涵養する活動である。

　活動には「飼育栽培活動」「校内美化活動」「地域の清掃活動」「公共施設の清掃活動」「福祉施設との交流活動」などが考えられ、具体的には次のような例がある。

　㋐　生き物、地域特産物、伝統野菜を育てる。
　㋑　清掃・美化活動、クリーン作戦、募金活動をする。
　㋒　環境保全運動、リサイクル運動、エコ運動に参加する。
　㋓　幼稚園・保育所、施設・ホーム、会館・作業所等と交流する。

　1999（平成11）年発行の学習指導要領以降「ボランティア」の精神を育む活動が追加され、幼児・高齢者・障がいのある人々との交流を重視して㋓の行事が多く取り組まれている。
　校外へ行ったり、校内へ招待したりするなどの活動を通して、児童の視野を広げ、豊かな心や思いやりの心を育み、社会性を養うことが出来る。多様な交流を実践工夫することで、行事の場が学校周辺から地域社会へと大きく広がり、地域社会との双方向の交流が図られるようになる。
　ボランティア活動などの幼児・高齢者・障がいのある人々との交流において特に重要なことは、相手方との綿密な打ち合わせを行うとともに、児童への十分な事前指導を行うことである。
　また、学年の発達段階に留意し、児童の加重負担にならないようにすることや、安全面への配慮を十分に行うことが必要である。
　これらを決して疎かにしてはならない。
　つまり、勤労生産・奉仕的行事を円滑に実施するためには、学校、家庭、地域諸機関との連携を図りながら、児童や相手方の実態、地域社会の特性を十分に考慮して綿密に計画を立てて実践することが重要である。
　勤労生産・奉仕的行事は「道徳」や「総合的な学習の時間」との関連が非常に深い。
　「道徳」との関連では勤労生産・奉仕的行事での活動を、児童の道徳実践の

貴重な場とする。

　「総合的な学習の時間」との関連では勤労生産・奉仕的行事の内容である勤労・生産・社会奉仕の精神を涵養する体験が得られるような活動を「総合的な学習の時間」で実践し発展させる。

　授業時数に限りがあるなか、教科・領域や他の教育活動との関連を明確にして勤労生産・奉仕的行事の教育的価値を一層高めていくことが大切である。

参 考 文 献

末松公徳・富村誠編著『特別活動の創造的実践〔第2版・増補〕』学術図書出版社、2006年。
熱海則夫監修『学校行事の創造的展開』東洋館出版社、1999年。
教職問題研究会編『教科外教育の理論と実践Q&A』ミネルヴァ書房、2007年。
文部科学省『小学校学習指導要領解説　特別活動編』東洋館出版社、2007年。
宮川八岐編集『全訂特別活動読本』教育開発研究所、2000年。
原清治編著『特別活動の探求』学文社、2007年。
「学級活動読本」『教職研修総合特集』No.62、教育開発研究所、1998年。
全国小学校学校行事研究会編『学校行事の創造的展開』東洋館出版社、1999年。
文部省（現文部科学省）『小学校学習指導要領解説　特別活動編』東洋館出版社、1999年。
『第40回小学校学校行事研究全国大会大阪市大会要綱』2005年。
文部科学省「小学校学習指導要領」東京書籍株式会社、2008年。

第III部
中学校の特別活動

第1章 学級活動の指導

1 学校教育における学級活動

　学校は、子どもを社会化する教育機関である。学校は、子どもが国家・社会の持つ伝統や文化を継承し、発展させることのできる能力・態度・意識の形成を図らねばならない。日本は、近代の国家づくりや高度経済成長の過程で、地域の持つ子育て文化や教育力を弱体化させてきた。そのため、子どもが身につけるべき社会規範や道徳的価値が多様化し曖昧になっている。個や個性の過度の重視や価値観の多様化から当該社会のルールや規範を身につけられない生徒や将来参加するであろう社会の望む資質や技能などを身につけられない若者が増えている。また、社会の変化が激しいことや価値観の多様化、偏りにより、社会化すべき内容として相応しくない社会的価値観もある。

　このような社会状況のなかで、学校は各教科内容の理解や知識の教授だけでなく、生徒一人ひとりに社会の一員としての役割を自主的に実践する態度・能力・技能などの社会的資質や生き方に関わる職業観・人生観などの個人的資質の育成、人格の完成を目指した教育活動を求められている。また、生徒が模範にできない既存社会の文化、価値観を見直し、新たな文化、社会的価値観を見出し、問題解決を図る態度を育成することが教師に求められている[1]。そのような内容の教育活動の中心的役割を担うのが生徒指導であり、特別活動である。なかでも生徒が学校生活の基盤とする学級で営まれる学級活動の役割は大きい。

2 学級活動の内容

　学級活動は、特別活動の内容である。学級での生活を通して、特別活動の目標にある「個性の伸長を図り、集団や社会の一員としてのよりよい人間関係を築こうとする自主的、実践的な態度を育て、生き方についての自覚を深め、自己を生かす能力を養う」ことを目指した活動である。2008（平成20）年の中

学校学習指導要領において、次のように記されている。[2)]

　学級活動においては、学級を単位として、学級や学校の生活の充実と向上、生徒が当面する諸課題の対応に資する活動を行うこと。

　(1) 学校や学校の生活づくり
　　　ア 学級や学校における生活上の諸問題の解決
　　　イ 学級内の組織づくりや仕事の分担処理
　　　ウ 学校における多様な集団の向上
　(2) 適応と成長及び健康安全
　　　ア 思春期の不安や悩みとその解決
　　　イ 自己及び他者の個性の理解と尊重
　　　ウ 社会の一員としての自覚と責任
　　　エ 男女相互の理解と協力
　　　オ 望ましい人間関係の確立
　　　カ ボランティア活動の意義の理解と参加
　　　キ 心身ともに健康で安全な生活態度や習慣の形成
　　　ク 性的な発達への適応
　　　ケ 食育の観点を踏まえた学校給食と望ましい食習慣の形成
　(3) 学業と進路
　　　ア 学ぶことと働くことの意義の理解
　　　イ 自主的な学習態度の形成と学校図書館の利用
　　　ウ 進路適性の吟味と進路情報の活用
　　　エ 望ましい勤労観・職業観の形成
　　　オ 主体的な進路の選択と将来設計

中学校の学級活動の題材例を示すと、次のようなものがある。

　(1) 学校や学校の生活づくり
　　　・学校生活への抱負や反省・学級目標を立てる・学級役員や委員会や係を決める・組織をつくる・学級内の諸問題（いじめ、当番・係活動など）の解決・学校行事や生徒会行事への参加
　(2) 適応と成長及び健康安全
　　　・生徒総会への取り組み・夏休みの過ごし方・進級や卒業への心構え・

思春期を考える・薬物乱用防止教室・エイズ教育・防災について・受検期の健康・ボランティア活動への参加；食育に関すること。
(3) 学業と進路
・学ぶ意義と方法・適性を知る・夢や希望の実現に向けて・図書館の利用の仕方・進路学習会・働くこと職業について・職業調べ・職人へのインタビュー・上級学校を調べる・生き方について・将来の設計と進路の計画・先輩に学ぶ・卒業にあたって・受検の心構え

　題材例に見るように、学級活動は、生徒の主体的な参加活動を促し、生徒の自発的、自治的な活動を通して、自治の能力や自主的、実践的な態度の育成を図る活動と教師主導の学習活動を通して、生徒の自主的、実践的な態度の育成を図る活動がある。
　昨今の生徒は、自ら考える力や社会的態度が弱く、支持待ちや受け流す態度が強い。生徒は、ややもすると内容を徳目的に受け入れ、形式的に過ごしてしまうきらいがある。教師の学級活動への意識と問題提起の方法の工夫によって、話し合い活動を充実させ、問題意識を深める必要がある。「なすことによって学ぶ」という特別活動の特質を生かせるような指導の工夫が必要である。また、近年、正社員として職業に就けないフリーターや職業に就かず、就こうとする意欲もないニートと呼ばれる若者が増え、キャリア教育の充実が求められている。学ぶことの意義や望ましい職業観、勤労観、生き方や人生観などの形成が緊急の課題になっている。学級活動を充実させるためには、総合的な学習の時間や他教科とのクロスカリキュラム的な取り組みが必要である。

3　学級活動の指導

　学級活動の指導は、学級経営の立場から、学級の生徒を最もよく理解できる学級担任が主となる。取り上げる内容によっては、専門性や特性を生かして、進路指導主事、養護教諭、学校図書館司書、栄養士などが学級担任とともに指導にあたる。
　学級活動の指導にあたっては、人間的なふれあいを基盤とし、温かく公平かつ受容的な態度で、一貫性を持って接し、生徒との信頼関係を築くことが大切である。また、問題に応じて、優しく厳しく毅然とした態度で指導にあたるこ

とが必要である。特別活動の目標が望ましい集団活動を通して、生徒の自主的、実践的な態度の育成にあることから、学級集団内の諸問題を察知し、迅速な解決を図るために、生徒個々および人間関係の状態を把握する気遣いを常に持ち、観察する態度が重要である。また、問題の解決にあたっては、互いに思いやりながら望ましい人間関係を築けるように、生徒の創意工夫を引き出し、自主的、実践的な活動や集団の自発的、自治的な活動を助長する指導を心がけることが大切である。

「学級活動の時間」は、中学校学習指導要領別表2、備考2で、特別活動の授業時数は、中学校学習指導要領で定める学級活動（学校給食に係るものを除く）に充てるものとすると表記されている。「学級活動の時間」の運用については、学級活動の(1)(2)(3)の内容を学校や学級の実態、生徒の発達段階に応じて、より重要だと考えられる問題に多くの時間がかけられるように、重点化して年間計画を立てる。その際は、学校全体として、学校行事や生徒会行事の内容や持ち方などとの関連をも考慮しながら、3年間を見通して系統的、発展的な指導が可能になるような計画を作成することが大切である。「学級活動の時間」が毎週1時間設定されているが、学級活動は、「学級活動の時間」に限定されるものではない。生徒が登校して、「朝の短学活（朝の会）」から「帰りの短学活（帰りの会）」までの学校・学級生活のすべての時間が学級活動になる。その日1日の目標を持たせ、1日の反省を行い、明日につなげる課題を明確にして1日を終わる。その継続が、学級活動を充実させる活動となる。

4 学級活動と学級経営

学級は、成績や学習・生活態度、性格、リーダー性、特技、家庭の状況など、扱いの軽重はあるにしても様々な条件を考慮して、均質な学級集団となるように編成される。生徒は、制度的・強制的に学級集団に割り振られる。学級には、向学校的な生徒もいれば、反学校的・非学校的な生徒もいる。家庭的・経済的に課題を抱えた生徒もいる。学級では、すべての生徒に等しく学級集団の秩序を維持する振る舞いを要求する。学級は、些細なことで、教師への不信感、反発、生徒どうしのいじめなどが起こる要素を持っている。学級集団づくりにおいては、学級には、生徒の抑制された欲望や欲求がある[3]ということを心に留めておく必要がある。生徒一人ひとりが心の拠り所となり、学校生活を充実、向

上させる学級集団をつくるには、確かな学級経営が必要である。生徒一人ひとりの個性を尊重しつつ、人として生きる基本的な社会的態度——きちんとあいさつができる、感謝する心を持っている、時間を守れる、他人の話を聞くなどの基本的な当たり前のことを当然としてできるような態度——の育成が学級づくりの出発点である。目指す学級集団をつくるために学級担任は、学級経営案を作成し、指導の方針や手だてを明確化し、一貫した学級経営を行うことが大切である。学級経営案の内容として、学級教育目標ないし学級の目標、学級の状況や実態（通学区域や家庭の状況なども含む）、学級経営の方針、指導の重点（生徒指導や特別活動など）、教室環境の整備・美化、保護者との連携、学級事務、そして学級経営の評価などが考えられる。学級活動での生徒の自発的、自治的な活動は、生徒の側からの学級経営参加である。教師の指導・援助のもと、教師、生徒が協働して、学級活動を通して、学級活動の促進に相応しい学級集団をつくるのが学級経営であるといえる。

5　学級活動の評価

　学級活動が生徒の学級や学校への適応、その充実と向上、当面する諸課題への対応、健全な生活態度の育成に資する活動内容であることから、生徒一人ひとりの変容をすべての活動の過程で多面的に評価する必要がある。評価方法は、生徒による評価（アンケート、作文、ワークシート、観察発表など）、教師による評価（学級担任や活動に参加した教師の観察）、保護者や地域の人の評価などが考えられる。生徒に評価を示す場合は、良かった点を多く挙げ、課題は最少限度に止める。また、課題を示す場合は、すぐ改善できるものから多くの努力を要するものへ、提示する順序に配慮し、生徒の意欲を喚起し、継続させる工夫と同時に、時には、変容を厳しく迫る指導、援助が必要である。
　また、学級活動は、特別活動の目標の達成を目指して行われる教師の指導・援助の活動でもある。生徒の成長や長所、短所が把握できるような評価、調査を行い、その実態から学級活動が、学校の教育目標の達成に向けて、学校の教育活動として適切で、一貫性のある活動となっているかどうか、成果と課題を明確にし、学級活動全体の計画や指導の在り方、指導方法の工夫、改善を図ることが大切である。

注

1） 菊池武剋・清俊夫編『子どもの発達と学校生活』新曜社、1992年、112頁。
2） 文部科学省『中学校学習指導要領』大蔵省印刷局、2008年、118頁。
3） 柳治男『〈学級〉の歴史学――自明視された空間を疑う――』講談社、2005年、192頁。
4） 加藤崇英「学級経営」『最新教育基本用語2007年版』小学館、2007年、80頁。
5） 木原孝博『学級社会学　一人ひとりを大切にする学級経営の創造』教育開発研究所、1987年、29頁。

参 考 文 献

文部科学省『中学校学習指導要領解説　特別活動編』ぎょうせい、2008年。
麻生誠・松本良夫・秦政春編著『教科外指導の課題』学文社、1995年。
天野正輝編集『教育課程　重要用語300の基礎知識』明治図書出版、1999年。

第2章 生徒会活動の指導

1　生徒会活動の現状

1　3つの事例

　その1。新設の中学校に赴任したときのことである。「制服」は必要なのかという議論が持ち上がった。既成の価値による学校づくりはやめようという機運が学校内にあったからである。そのときの議論の1つに、「私服」で登校させるとしてどんな「私服」でもよいのかということがあった。教師から見て、派手な色、派手なデザイン、高価なもの、そういったものを着て「学校」に来る生徒を許すのかということである。そのとき、教師が生徒会を動かした。発足したばかりの生徒会執行部に、「学校」に着てくるのにふさわしい「私服」とはどのようなものであるかを考えさせ、原案を全生徒におろさせたのである。学級での話し合い、生徒会執行部での話し合い、職員会議での話し合い、何度も議論を重ねた結果、最後は、「生徒自身がしっかり考えた服装ならばそれでよい。ただし、ふさわしくないと思える服装例をいくつか生徒に提示する。また、毎年、学校での服装について生徒間で意見交換をする」という結論に至った。中学1年生しかいない新設校での話である。中1が考えた原案や意見は、実は、「赤色は派手じゃないかな。キラキラしないものがいいんじゃないかな。黒色とか紺色のものがいいのかな。学生服、着たかったなあ」といった類のものであった。

　その2。創立60年をこえる学校での話である。あるとき、私が担任する中学1年生の女子が次のことを申し出た。「学校指定のかばんは小さくて重くて、ものが入らないし運びにくい。使いやすくて運びやすいかばんを自分で考えて持ってきてはいけませんか」。当時生徒会担当だった私は、校則を変えてかばんを自由化するにはどうすればよいのかを考え、その生徒にアドバイスをし支援をおこなった。その生徒は、まず、学級会で提案。学級でその提案が承認されると、次に、学級代表が生徒議会で提案をした。一方で私は職員会議におい

て、何をどこまで生徒が考え行動すれば校則変更を認めてもらえるのかを確認。その際、教職員から次のような意見が出た。「高価なかばんを持ってくるにちがいない。競争になるよ。今のかばんを機能化し、それを持たせればよい」。「今はかばんのことだけれど、これを認めると、他の校則についてもどんどん変更の要求が出てくるから慎重に対応しないといけない」。「校則変更の要求は、今の校則をしっかり守っていることが前提。今の生徒たちは校則違反を平気でしている。このような生徒たちの要求は認めなくてよい」。「生徒議会で出た決議を職員会議で審議するわけだが、確定してしまった決議に職員会議として反対をするのは難しい。生徒議会での決議は急がない方がよい」。1年後、かばんを自由化することができた。

　その3。校則やマナーを守らない生徒が多くいた学校での話である。体育館には体育館シューズで入ることになっていたのだが、多くの生徒が校内用シューズや外靴で体育館に入っていたため、体育館が汚れていた。そこで、生徒会担当の教師が生徒会執行部に次のことを提案した。「体育館の汚れの現状とそれを防ぐための手だてを物語風にビデオにして全校集会で流そう」。生徒会執行部はビデオ制作に努力し、ついに全校集会当日を迎えた。ビデオで流すという手法が珍しかったのか、いつもは騒がしい全校集会もその日は静かに進行し、ビデオ終了時には多くの生徒から拍手が起こった。集会終了後、生徒会長に労いのことばをかけると、険しい表情で「もう二度とやりたくない。自分はそんなにいい生徒じゃない」との返事。そこに達成感は感じられなかった。

2　3つの事例にみられる教師の意識や態度

　2008年版学習指導要領には特別活動の目標がこう記されている。「望ましい集団活動を通して、心身の調和のとれた発達と個性の伸長を図り、集団や社会の一員としてよりよい生活や人間関係を築こうとする自主的、実践的な態度を育てるとともに、人間としての生き方についての自覚を深め、自己を生かす能力を養う」。

　そしてこの目標を達成するための手だての1つとして生徒会活動が考えられている。したがって「集団や社会の一員としての自覚を深める」ために生徒会活動が行われるのは当然のことであるし重要なことである。

　しかし一方、「自主的な態度を育てる」という目標が掲げられているにもかかわらず、そのことが学校では生かされづらい状況にあるのではないだろうか。

ここで、先の３つの事例を、「集団や社会の一員としての自覚を深める」「自主的な態度を育てる」という２つの観点からとらえなおしてみる。

1　「集団や社会の一員としての自覚を深める」
　その１。学校での服装はどんなものがよいのかを考えさせることで、学校の意義や他者との関係等を見つめさせることができ、集団や社会の一員としての自覚を深める上で役立っている。
　その２。自分で考えたかばんを持って来るという自由を獲得するには、校則変更に至るルールに従い、まずは既存の義務を遂行することが必要である点を指摘している。このことは、集団や社会の秩序を保つルールのありようを考える一助となる。
　その３。みんなが使う体育館の使用のあり方について考えさせることで、公共の施設への考えを深めさせることができる。

2　「自主的な態度を育てる」
　その１。制服は学校に必要かという課題が生徒の側から生まれていないこと、生徒会執行部が結果的に教師の考えを全生徒に伝える役割を担ったのではないかという懸念、この２つが問題である。しかし、「生徒自身がしっかり考えた服装ならばそれでよい」という結論は、生徒の自主的な態度の育成につながる。
　その２。「使いやすくて運びやすいかばんを自分で考えて」という、自主性につながる生徒の発想に対して、教師に現状維持の意識が働いたのか、消極的な考えが教師側に見られた。生徒の発想が、生命、人権、公共性等に反していなければ、生徒を頭から否定しないことが自主的な態度の育成につながるのではないだろうか。
　その３。ビデオを用いての全生徒への啓発の仕方について、生徒会執行部が納得していなかったのではないかという点。生徒会長が、教師と生徒との板挟みになってしまった感をもったのではないかという点。これらが問題である。自主性が生徒の実感や納得とつながっていることを、教師は忘れてはならない。

　わずか３つの事例をとらえなおしたにすぎないが、これらの事例にみられる教師の意識や態度の傾向を以下にまとめてみる。あくまでも傾向であって真理ではない。教師が常に生徒や学校のことを真剣に考えていることは言うまでもない。

- 教師側がとらえる課題意識で生徒会を動かしてしまうときがある。
- 生徒の自主性を生かすつもりが、教師の価値観や考え方で多くの事柄が決まるときがある。
- 集団の秩序を維持し向上させるための活動には前向きだが、１人の思いをどう集団で生かすかについては、即応性に欠けるときがある。
- 既存のルールや体制を変えてまでの生徒会活動には消極的になりがちである。

ところで、学習指導要領の特別活動の「内容」にはこう記されている。「生徒会活動においては、学校の全生徒をもって組織する生徒会において、学校生活の充実や改善向上を図る活動、生徒の諸活動についての連絡調整に関する活動、学校行事への協力に関する活動、ボランティア活動などを行うこと」。

先ほど示した３つの事例は、主に、「学校生活の充実や改善向上を図る活動」についてのものである。この活動と、先に示した教師の傾向を照らし合わせてみると、次のようなことも言えるのではないだろうか。

- 生徒自らが「学校生活の充実や改善向上を図る活動」を行おうとするとき、そこにどうしても教師の価値観が働いてしまう。
- 校則を変えて「学校生活の充実や改善向上を図る」生徒の活動に対して、教師は躊躇する傾向をもつ。一方、教師自らが校則の変更を考えているときには、生徒会を活用する傾向があるのではないだろうか。

繰り返すが、これらはわずか３例を用いての私見である。すべての教師、すべての学校、すべての生徒会活動にあてはまるわけではない。ただ、こういった見方で事例を整理しておくことが、生徒会活動を望ましいものにしていく視点を生み出すもとになるのではないかと考えているのである。

2　望ましい生徒会活動

もう一度、2008年版学習指導要領の特別活動の目標を見てみよう。「望ましい集団活動を通して、心身の調和のとれた発達と個性の伸長を図り、集団や社会の一員としてよりよい生活や人間関係を築こうとする自主的、実践的な態度を育てるとともに、人間としての生き方についての自覚を深め、自己を生かす

能力を養う」とある。この目標の冒頭で示された「望ましい集団活動」（ここでは「望ましい生徒会活動」と読みかえる）とはどのような活動なのであろう。

「望ましい生徒会活動」のありようを明らかにする1つの手だてとして、先に示した3つの事例に見られる教師の意識や態度の「変容」という視点をあげてみる。

「集団や社会の一員としての自覚を深める」という点において、先の事例の学校では優れた実践がおこなわれている。一方その自覚を、「自主的、実践的な態度」のもとで育てることについてはやや不備な点がある。この不備な点を補うことによって、「集団や社会の一員としてよりよい生活を築こうとする自主的、実践的な態度を育てるとともに、人間としての生き方についての自覚を深め、自己を生かす能力を養う」ことにつながる「望ましい生徒会活動」が生まれるのではないだろうか。

生徒の「自主的で実践的な態度」を育成するためには、以下のことを行う必要がある。これらを行うことで、生徒の「集団や社会の一員としての自覚」が薄れることはない。

- 集団や社会の意義、集団や社会の一員としての自覚、個人が生きる集団、自主、自立、責任等に関する生徒の課題意識が高揚する土壌づくり。
- たとえ1人の生徒や教職員のみがもつ課題意識であったとしても、それを最初から否定することのない生徒や教職員の意識づくり。
- 1人（生徒、教職員、保護者等）の課題意識を他の者（生徒、教職員、保護者等）に伝え、それを共有することが可能になる場と方法の設定（結果的に共有できないことはもちろんある）。
- 1人（生徒、教職員、保護者等）が考えた課題解決の方法を他の者（生徒、教職員、保護者等）に伝え、そのことについて議論しよりよい課題解決の方法を生み出すことが可能になる場と方法の設定。
- 既存の校則や体制を改善できる方法と体制づくり。

教師が生徒のためを思って生徒会活動を導いていくのは当然のことである。ただ、本章では、自治活動である生徒会活動と生徒を導く教師との関係という視点で論を展開したのである。

参 考 文 献

岩本俊郎・浪本勝年編『資料特別活動を考える』北樹出版、2005年。
高旗正人・倉田侃司編著『新しい特別活動指導論』ミネルヴァ書房、2004年。
相原次男・新富康央編著『個性をひらく特別活動』ミネルヴァ書房、2001年。

第3章 学校行事の指導

1 儀式的行事

　特別活動の意義を踏まえ、「儀式的行事」においては、学校生活に有意義な変化や折り目を付け、厳粛で清新な気分を味わい、新しい生活の展開への動機付けとなるような活動を行うことが大切である。そして、教科や道徳、総合的な学習の時間との関連を図りながら、学校を挙げて取り組む必要がある。

1　学校行事の授業時数
　週時程に組み込まれている「学級活動」と違い、学校行事は、各学校において、地域や学校の実態を考慮し、実施する活動内容とのかかわりにおいて授業時数を定める必要がある。

2　儀式的行事の目標と内容
　各儀式的行事の目標と内容は次のようになる。

① 入学式……新入生を中心にその保護者の参加を得て、新入生の不安を取り除き、これからの中学生活の充実をめざしてその決意を固める。
　　国歌並びに校歌斉唱、校長講話、来賓祝辞、新入生代表の「誓いの言葉」、生徒会代表の歓迎の言葉。
② 着任式・離任式……新しい先生・職員を歓迎し、お世話になった先生・職員を感謝の気持ちで送り出すなかで、人とのつながりを考え、深める。
　　校長による紹介、着任者・離任者のあいさつ、生徒会代表のあいさつと花束の贈呈。
③ 始業式……新年度・新学期を迎えて、新たな気持ちで目標を立て、その達成への意欲を高める。

　　　　　校歌斉唱、校長講話、生徒指導主事・教務主任等からの課題提起。
④ 終業式……学年・学期の学校生活を振り返り、努力したことをたたえ合い、喜び合うとともに、自己と集団の新たな目標を抱けるようにする。
　　　　　校歌斉唱、校長講話、生徒指導主事の諸注意、生徒会代表の振り返りの発表。
⑤ 卒業式……義務教育修了の意味を考え、深めるとともに、周囲の人々や社会に対する感謝の念を持たせる。併せて、その期待に応える決意を固める。
　　　　　国歌・校歌斉唱、卒業証書授与、式辞、祝辞、送辞・答辞、卒業の歌、送別の歌。

3　儀式的行事の評価規準

儀式的行事の観点ごとの評価規準は次のようになる。

① 関心・意欲・態度……厳粛な雰囲気を尊重し、互いに祝い、励まし、喜びを分かち合い、新しい生活への希望や意欲をもってともに協力し活動しようとしている。
② 思考・判断……新しい生活の充実、発展のために使命感や責任感をもち、集団や社会の一員としての在り方について考え、判断している。
③ 技能・表現……集団や社会の一員としての連帯感を深め、厳粛で清新な気分を味わうとともに、新しい生活へ向けての目標を立てることができる。
④ 知識・理解……行事の意義やねらいを理解し、厳粛で清新な雰囲気を保つことの大切さや、その場にふさわしい態度と行動の在り方がわかる。

　なお、学習指導要領では、入学式や卒業式などにおいては、その意義を踏まえ、国旗を掲揚するとともに、国歌を斉唱するよう指導するものとする、と定められている。

2 文化的行事

1 文化的行事

　文化的行事は学習指導要領のなかでは「平素の学習活動の成果を発表し、その向上の意欲を一層高めたり、文化や芸術に親しんだりするような活動を行うこと」と記されている。文化的行事を実施する際には、生徒の自発的な創意工夫を生かしながら学習活動の成果を発表し、相互の努力を認め合い、協力して活動を展開するように援助する。同時に、生徒がそれぞれ自己の成長の跡を振り返り、さらに自己を伸長させようとする向上の意欲を高めるように指導することが大切である。

　行事を実施する際には、生徒の発表意欲を尊重し、自主的に運営できるよう配慮すべきである。そのためには、生徒会活動などの組織を必要に応じて生かすような運営が望ましい。

　各種の発表活動には、特定の生徒だけが参加、発表するのでなく、何らかの形で全員が参加しているという意識がもてるよう配慮する。

　また、生徒に過重な負担がかからないように、練習、準備の在り方を改善するとともに、行事の年間計画を作成する際にあらかじめ適切な時間を設定しておき、学校の教育活動全体の調和を乱すことのないよう留意しなければならない。例えば、文化祭の練習や作品展の準備に多大な時間をとるのではなく、日常の学習活動との関連を図り、練習、準備の在り方を工夫、改善して実施することが大切である。

　また、終了後には生徒・教員にアンケートをとり、次年度への改善に努める必要がある。

　具体的な活動としては文化祭（学校祭）、音楽会（合唱祭）、各種の発表会（展覧会など）、弁論大会、暗唱大会、映画や演劇鑑賞、落語鑑賞、講演会等が考えられる。

2 文化祭の指導

　最大の文化的行事である文化祭のねらいとしては、取組を通して一人ひとりの生徒の個性を伸ばし、自主性、創造性を高めるとともに、成就感や連帯感を味わわせ、責任感と協力の態度を養うことが挙げられる。

1　創意工夫を生かした学習活動の成果を発表することにより、生徒に自己の存在感を実感させるとともに、相互に協力し合う活動を通じて互いの存在を認め合うなど、豊かな心を育成する。
2　活動を通して、生徒がそれぞれの自己の成長の跡を振り返り、さらに自己を一層伸長させようとする意欲を向上させる。
3　文化祭の意義の理解。

文化祭の意義としては次のようなことがある。

① 校風を理解させ、それを高める機会にする。
② 各教科・科目などで修得した知識や技能を深めさせるともに、情操を豊かにする。
③ 自主性、創造性を高める。成就感や連帯感を培い、責任感と協力の態度を養う。
④ 発表する能力及び他者の発表等に対する望ましい鑑賞態度を育成する。
⑤ 生徒の学習活動の成果を学校の内外で発表することにより、家庭や地域との交流を深め、学校への理解と協力を得る機会とする。

事前指導において配慮するべき事としては以下のことが考えられる。

① テーマの設定については、文化祭の意義が集約されたものとなるよう指導する。
② 全体計画は、文化祭の意義を踏まえ、すべての生徒が参加・協力できるよう指導する。
③ ホームルーム及びパートの取組状況について、全校へ情報提供し、生徒の活動意欲を高める。
④ 文化祭の準備について、計画的に進めるとともに、下校時刻の厳守や後片付けの徹底を指導する。また、学校通信、プログラム等により、保護者に生徒の発表時間帯や下校時刻などを周知する。

当日配慮するべき事としては、以下のことが考えられる。

① 発表者と聴衆が一体感を持ってステージ発表を楽しむことができるよう、鑑賞マナー等について指導する。
② ステージ発表については、地域の方々へ教育活動を公開する絶好の機

会であることを自覚させる。
③審査結果の発表において、一人ひとりの生徒の努力を率直に称え合えるよう指導を行う。

3　文化的行事の評価規準

文化的行事の観点ごとの評価規準は次のようになる。

①関心・意欲・態度……平素の学習の成果を総合的に生かし、自己の成長を振り返り、自己を伸ばそうとする意欲をもって活動しようとしている。
②思考・判断……学校生活を楽しく豊かなものにするために、よりよいものを創り出す方法や美しいものを鑑賞する方法などについて深く考えている。
③技能・表現……平素の学習の成果を工夫して表現し、互いに努力を認め合いながら、協力してよりよいものを創りあげたり、鑑賞したりすることができる。
④知識・理解……行事のねらいや進行の計画、各自の役割について理解し、自分の目標を達成するための活動方法や発表の仕方などがわかる。

3　健康安全・体育的行事

本節では体育大会を例にして健康安全・体育的行事のありようを考える。以下に示す2008年版学習指導要領の健康安全・体育的行事の内容が体育大会の特徴を有しているからである。

「心身の健全な発達や健康の保持増進などについての理解を深め、安全な行動や規律ある集団行動の体得、運動に親しむ態度の育成、責任感や連帯感の涵養、体力の向上などに資するような活動を行うこと」。

ここで、体育大会開催時によく見られる、体育大会の目的例をあげてみる。

①体育大会に向けての企画、練習、準備、当日の動きを通して、学校、学年、クラス集団としての質を高める。
②お互いに協力し、進んで規則を守り、責任ある行動ができるようにする。
③体育学習の成果を発表する。

どうであろう。①、②は「規律ある集団行動の体得」「責任感や連帯感の涵養」にあてはまり、③は「心身の健全な発達や健康の保持増進などについての理解を深め」「運動に親しむ態度の育成」「体力の向上」にあてはまるのではないだろうか。

体育大会という行事を核にして生徒の行動や資質や感性を涵養していくことは非常に重要である。実際にやってみる（た）ことからわき出る感情や身体の躍動をもとに他者との関係や自分自身のことについて思いを巡らしていけるからである。

しかしここで気をつけるべきことがある。それは、すべての教育活動が「規律ある集団行動の体得」「責任感や連帯感の涵養」を目標にして行われることのないようにすることである。目標の価値を教師側だけでなく生徒の側も十分理解しているのであれば問題はないが、教師側の思いが強すぎると、次のような生徒が教師からマイナスの評価を受けることになる。

- イ）すぐにしゃべってしまう生徒
- ロ）形式に疑問を感じる生徒
- ハ）多くのことに疑問を感じる生徒
- ニ）興味・関心が固定化している生徒
- ホ）決められた枠のなかではなく、自らの興味・関心に基づいて課題を設定したい生徒
- ヘ）自分のペースで自分の興味・関心のあることをしたいと思う生徒
- ト）集団と集団ではなく、個と個のかかわりを重視する生徒
- チ）集団行動になじめない生徒
- リ）人間関係がうまくつくれない生徒

これらの生徒は次のように言い換えられる。

- ○与えられた目標とはちがう目標を自分で生み出す生徒
- ○与えられた目標に疑問をもち、その疑問を表に出してしまう生徒
- ○与えられた目標と自分の要求が一致しない生徒
- ○与えられた目標に関わる経験が少なく、目標達成につながる技能を有していない生徒

学習指導目標や活動場面が変われば、これらの生徒にも当然プラスの評価が与えられるはずである。

もう１つ、「規律ある集団行動の体得」「責任感や連帯感の涵養」をめざした活動のみが行われることの弊害として、集団の規律、責任感、連帯感の大切さが生徒にかえって実感されにくくなるのではないかということがあげられる。違う目標による活動を行い、それと比較し、他者や自己を客観視してみることで、集団の規律の大切さや個人の尊重の大切さが実感されるはずである。教育は、ある方向からのみで行われるのではなく、対比的に行われるべきである。

体育大会であれば、次のような対比を生み出すことができる。

- 集団で行う競技と個人で行う競技、そのどちらにも生徒が参加。【共同・協同と個】
- 午前中（ある１日でもよい）は絶対参加で、午後（ある１日でもよい）は自由参加の体育大会を開催。【必修と選択】
- 教師が決めた競技と生徒が決めた競技、そのどちらにも生徒が参加。【義務と自治】
- 得点が入る競技と入らない競技、両方の実施。【成果と過程】
- 学級対抗の体育大会と運動を楽しむだけの体育大会、両方の実施。【成果と過程】
- 体育大会と前後して、「規律ある集団行動の体得」「責任感や連帯感の涵養」にかかわらない教育活動を実施。【規律と自由】

現実の教育現場では実現不可能と思われることもあえて提案をしたのは、既存の体育大会をさらに充実させるための一つの考え方を示したかったからである。

4 旅行・集団宿泊的行事

1 旅行・集団宿泊的行事の意義

各学校には建学の精神があり、教育目標がある。それに基づいて教育課程が組まれ、特別活動にもその特色がでている。そのなかで、遠足・集団宿泊行事は、クラスの親睦をはかるとともに、日常における取り組みの成果を発表する場、集大成の場として、発達段階に応じて目標を設定し、めざす生徒の姿を求

2　旅行・集団宿泊的行事の実際

　中学3年間において、各学年1回の宿泊研修がある。中学1年の学校施設、中学2年の外部宿泊施設の合宿研修が行われ、中学3年の修学旅行で、その完成を目指している。今回は、中学2年次の合宿研修を取り上げてみる。

〈中学2年生の合宿研修の学習内容（例）〉
　◎　中学3年生の修学旅行へ向けての準備段階としてとらえる
　①学年、係目標の設定
　②団体行動を自覚のもった態度でとりくみ、クラスの親睦を深める
　③目的地（滋賀県近江八幡市）についての事前学習を行う
　④歴史・環境・経済のテーマを各自が設定し、事前学習をする
　⑤そのテーマごとに班を作り、近江八幡、長浜のルートを考える
　⑥テーマに基づいて、散策の際、インタビューや記録をとる
　⑦合宿研修のまとめを行う（個人新聞、レポート作成、研究発表会）

　◎　日程
　・1日目の日程　　竹生島見学
　　　　　　　　　　歴史班：長浜城歴史博物館見学
　　　　　　　　　　環境・経済班：長浜市内散策
　　　　　　　　　　クラスタイム（生徒主導）
　・2日目の日程　　環境班：琵琶湖博物館、水生植物公園、近江八幡市散策
　　　　　　　　　　歴史班：近江八幡市散策、安土城考古博物館、安土城址
　　　　　　　　　　経済班：五個荘近江商人博物館、五個荘散策、近江八幡市
　　　　　　　　　　　　　　散策
　　　　　　　　　　キャンプファイアー（生徒主導）
　・3日目の日程　　ウォークラリー
　　　　　　　　　　飯ごう炊さん

3　旅行・集団宿泊的行事の指導

　近江八幡合宿研修の準備日程を以下にあげる。

〈中学1年次〉
10月　　教員下見1回目
11月　　近江八幡合宿研修について（学年集会）ビデオをみる
11月　　近江八幡関係の書籍をクラスごとに設置
冬休み　滋賀県について調べる（新聞作成をさせる）
3月　　学年LHR（生徒主導の集会）で新聞掲示
〈中学2年次〉
4月初め　各自で3つのコースについて選択する
　　　　　　班編制発表（教員主導）
5月30日～6月1日　合宿研修
1学期中　レポート作成（各個人テーマ）
夏休み　新聞作成（各個人テーマ）
※1学期～2学期のLHR実施内容
　係会議　　　9回（放課後もふくむ）
　調べ学習　　6回（事前調べ学習、テーマ別レポート・新聞発表会）
　学年LHR　　3回（合宿研修結団式、研修ふりかえりの会、研究発表会）

　中学1年次より、目標をもって学校生活を過ごすことを第1とし、そのために具体的に考えて行動ができるように、日番や係・委員の活動を丁寧に指導してきた。その上で、中学2年では、この研修も日常生活につながるように、係指導を多く取り入れ、研修後もそのふりかえりを行った。また、研修を行うにあたっては、事前に学習をすることによって、目的をもって研修にのぞむ意欲づけをした。研修後もそのまとめを個人新聞やレポート、発表会などを行い、事後の学習も終えた。3つのコースに分け、学級ごとではなく、学級解体型の調べ学習は将来各自がテーマをみつけてのぞむ修学旅行の前段階としてとらえている。教師側もそれぞれの係・コース分担をし、細かな助言を行える環境を整えた。こうして、直前の指導ではなく、1年前からの指導により、生徒も滋賀県への興味・関心を持つことができ、自分たちで何かを作りあげたという達成感を持たせることができた。

　ま　と　め
　中学3年間は生徒にとって、心身ともにめまぐるしく成長する反面、さまざまな問題にぶつかることがある。したがって、教員主導よりも、生徒を主体的

に活動させる場面を多くとりいれた宿泊訓練は教員側の準備や生徒に対するケアが十分に必要になるが、中学3年間を通じて生徒を見るとき、生徒たちに自主的に主体的に活動できる場を設定し行動させることは、大きな成長につながる。そのためには、3年間の長期的な目標設定とともに、計画的に生徒にどのような活動をさせたらよいのかを教員側が常に考えていかねばならない。

5 勤労生産・奉仕的行事

1 勤労生産・奉仕的行事の意義

働かず、教育や職業訓練も受けていないニートや、定職に就かないフリーターの増加が大きな社会問題になっている。ニートの数は、平成20年総務省統計局『労働力調査』では64万人と発表されている。

この背景としては、社会の豊かさのなかで「働かなくても生きていける」という意識が若者に広がっていること、集団登校や子供会の活動などの地域における体験が少なくなったこと、携帯電話やテレビゲームの普及のなかで、直接的な人と人とのかかわりが苦手な若者が増えていることといった点が指摘されている。

一方、学校においても、少子化・核家族化のなかで、家庭において甘やかされ、「自分のことは自分でする」「家事の手伝いをする」といった基本的なしつけがされていない生徒が増加している。このことが、生徒一人ひとりの自立を妨げ、「自己中心的である」「責任感や忍耐力が欠如している」といった今の子どもたちに多く見られる状況につながっていると考えられる。

特に中学校においては、不登校や問題行動の増加といった実態からみても、生徒が自己有用感を育み、自分の将来に夢を持つために、勤労や生産にかかわる体験活動をはじめ、職業や進路に関わる啓発的な活動、ボランティア活動などを積極的に取り入れていく必要がある。

2 他の教育活動等との関連による指導のあり方

限られた時間数のなかで、学校行事の5つの分類のなかでも勤労生産・奉仕的行事に充てられる時間が最も少ないという学校は多い。そのため、道徳、学級活動や生徒会におけるボランティア活動、総合的な学習の時間における福祉学習等と密接な連携を図ることにより、体験を広げる・深めるという視点を持ちたい。

また、地域や校区内の小学校・幼稚園等との連携を図るとともに、地域にあ

る資源を生かした取り組みにすることは、地域への理解や愛着を育み、地域に開かれた学校づくりにつながっていくものである。

　さらには、清掃活動や福祉体験等の活動を通して、環境や福祉についての新たな課題を発見し、それを総合的な学習の時間における課題として深く探求するという広がりも考えられる。

　一方、生徒の社会性を育むためには、教師自らがPTA活動や地域活動への参加・協力を行い、地域に対する理解と愛着を持ち、そこで得た体験や課題をもとに、生徒の活動を仕組むことも重要である。

3　勤労生産・奉仕的行事の指導事例

　他の教育活動と連携した勤労生産・奉仕的行事の計画については次のような事例が考えられる（表Ⅲ-3-1参照）。

表Ⅲ-3-1

行事名	対象学年	活動内容
校区内河川敷清掃	1年生	・河川事務所の方を招いての河川の環境についての講話（総合的な学習の時間） ・河川の状況の事前調査（生徒会活動） ・道徳の時間での「集団や社会とのかかわり」の領域に関する学習（道徳） ・調査結果に基づく清掃の分担（学級活動） ・河川敷清掃（勤労生産・奉仕的行事） ・清掃をした後の感想のまとめ及び発表（学級活動・総合的な学習の時間）
老人ホーム・デイサービスセンター等との交流	1年生	・ボランティア活動についての学習（総合的な学習の時間） ・ミニコンサート（歌・楽器）による交流の準備（総合的な学習の時間） ・ボランティア探検隊として、地域の老人ホームやデイサービスセンター等での活動を実施（勤労生産・奉仕的行事） ・それぞれの施設等での体験を交流するための発表会を実施（総合的な学習の時間）
職業体験活動	2年生	・職業についての調査（総合的な学習の時間） ・ゲストティーチャーを招いての職業講話（総合的な学習の時間） ・希望する職場への連絡と確認（総合的な学習の時間） ・事前訪問（勤労生産・奉仕的行事） ・体験活動（勤労生産・奉仕的行事） ・事後の体験の交流会（総合的な学習の時間）
校内の環境整備	3年生	・校内修理箇所の点検（生徒会活動・美化委員会） ・用具の確認と修理場所の分担（学級活動） ・清掃と修理（勤労生産・奉仕的行事）

ま と め

　生徒指導上の課題の多かった中学校が、地域やPTAとの連携のもと校内外の清掃活動に学校をあげて取り組むようになったことがきっかけで、落ち着きを取り戻したという事例が多く報告されている。生徒の実態に即し、地域や保護者、関係機関等との協力や連携のもと、生徒の仲間づくりや社会性の育成につながる体験活動を計画的に展開していきたい。

参 考 文 献

文部省（現文部科学省）『中学校学習指導要領解説　特別活動編』ぎょうせい、1999年。
原清治編著『特別活動の探究』学文社、2007年。
宮川八岐『21世紀型特別活動の実践構想』明治図書出版、2001年。

第4章　中学校部活動の指導

1　中学校部活動の位置づけ

　中学校生活における部活動は、「中学校での教育活動の一部として、スポーツや文化・芸術・社会的活動などに興味や関心を持つ同好の生徒が、顧問教師の管理・指導のもとに、主として放課後などに自発的・自主的にその活動を行うもの」と呼ぶことができる。たとえば運動部には、サッカー部や野球部、バスケットボール部などが、文化部としては吹奏楽部や放送部、美術部などがある。

　このような部活動は、当然のように、他の教科学習活動や特別活動と同じく、学校の教育活動の一環だと見過ごされがちである。だが、学校教育制度上、部活動を教科の学習や学校行事などと一線には並べられないのである。

　たとえば、かつて、部活動／クラブ活動と呼び分けられていた時代がある。また小学校にはクラブ活動の時間がある。このような「クラブ活動」とは課内活動、すなわち、教育課程"内"の活動であり、学校の実情に応じて適切な活動時間数が年間の教育計画や一週間の時間割表のなかに計画的に位置づけられていた。それに対して、放課後の部活動は「課外活動」として位置づく。つまり、教育課程"外"の活動なのである。「教育課程」とは、日本では主に学習指導要領がそれに相当する。過去に、この学習指導要領上に「部活動」が正式には位置づけられていなかった経緯がある。この曖昧にも思える位置づけのあり方こそが部活動の特質であり、部活動をめぐる目的や方法や課題などにも大きく関わる根本であったことをまず確認しておきたい。

2　実態としての中学校部活動

　現在でも部活動は、全国の中学校で学年・性別にかかわらずほとんどの生徒が参加している。運動部・文化部をあわせると全国の中学生の90％近くの参加

が見込まれる。その背景は、以前に「部活代替制度」があったことの影響が大きい。

かつて、1989（平成元）年版中学校学習指導要領では、「部活動に参加する生徒については、当該部活動への参加によりクラブ活動を履修した場合と同様の成果があると認められるときは、部活動への参加をもってクラブ活動の一部又は全部の履修に替えることができるものとする」とされていた[1]。教科学習や学校行事など時間割上の時間数を確保するべく、現実の実態として多くの生徒が参加していた部活動を替わりとみなすことで、課内活動であるクラブ活動の時間数を割愛できたのである（部活代替制度）。このことから、学校によっては全校生徒が必ず何かしらの部活動に属していることを義務づけたり、全員が参加しているものだという一般的な観念の広まりがあったといえるだろう。登録はしているが実際の活動はない"ユーレイ部員"や"帰宅部"という比喩も今では市民権を得るほどになったが、こうした背景の影響が大きいと考えられる。

ところが、1998（平成10）年版中学校学習指導要領では、「クラブ活動」が特別活動の領域から削除され、その結果、部活代替制度は意味をなさなくなった。これにより、指導要領上には部活動についての記述がなくなった。部活動の顧問を担当する制度的根拠はますますみえなくなり、人材不足の上に配属を強いることもできず、顧問教員の不足さえみられた。今もなお多くの中学生が参加

表Ⅲ-4-1 男女別運動部参加状況

順位	男子 部活名	加盟校	加盟生徒数	順位	女子 部活名	加盟校	加盟生徒数
1	軟式野球	8,919	291,015	1	バレーボール	8,962	160,867
2	バスケットボール	7,176	174,443	2	バスケットボール	7,456	153,046
3	サッカー	6,909	221,407	3	ソフトテニス	7,252	193,279
4	卓球	6,903	144,231	4	陸上競技	6,242	90,833
5	陸上競技	6,336	124,611	5	卓球	5,928	90,718
6	剣道	5,618	60,881	6	剣道	5,079	36,312
7	ソフトテニス	5,575	167,674	7	バドミントン	3,467	89,148
8	柔道	3,311	31,434	8	水泳	2,986	16,876
9	バレーボール	3,171	50,621	9	ソフトボール	2,732	54,696
10	水泳	3,062	29,229	10	柔道	2,322	9,207

（出典）（財）日本中学校体育連盟・平成22年度部活動調査集計（2010）より。

しつづけている実情のかげで、指導する側、学校側からみれば、このような困惑する状況下にあったのである。

　実際には、中学校部活動ではどのような種目が盛んなのであろうか。参考までに、以下運動部について、日本中学校体育連盟（後述する）への加盟校数・加盟生徒人数を表Ⅲ-4-1に示す。加盟校数では男子は1位が軟式野球部、2位がバスケットボール部、3位がサッカー部、という順位でいわゆる人気種目が並ぶ。その並びは例年概ね変わらない。女子は、バレーボール部、バスケットボール部、ソフトテニス部の3つが毎年上位を占める。一方、文化部では吹奏楽部への参加の割合が大きい。

　こうした全国の中学校の部活動に関連して、次のような団体が組織されている。「日本中学校体育連盟」（略称、「中体連」）は、全国中学校体育大会を主催するなど、各種大会の運営や研究・調査活動を行い、中学校運動部活動を支えている。また、文化系部活動を対象としては、「全国中学校文化連盟」（略称、「中文連」）が全国中学校総合文化祭を催すなど諸活動を推進している。

3　制度上の新しい動き
——2008（平成20）年版学習指導要領での変化——

　このような制度の問題と実態に対して、2008（平成20）年版学習指導要領では、部活動について大きな動きがあった。学習指導要領に新たに、部活動の位置づけが記されたのである。「部活動の意義と留意点」として項目が立てられ、「教育課程外の学校教育活動である部活動について、その意義とともに、教育課程との関連が図られるように留意することや運営上の工夫を行う」ことと加えられた。内容としては、体育・健康に関する指導に結びつけて、体力の向上や運動に親しむ資質や能力の会得、心身の鍛練を大切にするために、教科の保健体育科と運動部活動を関連させ、「学校教育活動全体として効果的に取り組む」ことが求められたのである。

　このことから、今後、部活動を教育課程に結びつけながら学校教育活動全体を運営していく方向へ進んでいくと予想される。具体的には、各学校での創意工夫の差はあるだろうが、従来、"勉強は授業、好きなことは放課後の部活動"、とか、象徴的な意味で"教室の内のこと"と"外のこと"、などとあたかも対置的にすみ分けてとらえられてきたのに対して、授業や教科の学習との関連づけ、学校行事などの特別活動、総合的な学習の時間や道徳などとも結びつきが

強くなる。顧問教師としては、それぞれの部活動での目標や内容について、今まで以上に教育的配慮や学校教育活動であることの意味づけを明確化することが望まれる。その結果、実感としては、より学校生活との密接さが増していくことが考えられるだろう。

4 部活動指導の考慮すべき特質

　このような部活動を指導していく上で、どのようにその特質をとらえておく必要があるだろうか。第1は、運営・指導上の教員の個性や創造性の発揮である。前述したように、1998（平成10）年版学習指導要領では、教育課程上の位置づけがみえず、部活動の目標や内容に関して、拠り所となる規準がなかった。規準がないということは、その活動目標、年間計画、活動内容、練習方法と、指導のすべてにわたって顧問教師など指導にあたる者が、自ら考案して運営するしかなかった。つまりカリキュラム・メーカーとしての役割も果たさなければならなかった。2008（平成20）年版の改訂によっても、これらが明確に詳細に示されたわけではないことに注意したい。

　このことの両面性を指摘しておく。一方は、指導者の個性的な実践が開花する可能性である。指導者自身の経験則が生かされ、試行錯誤も自由であり、大いに創造性を発揮できる。たとえば各種スポーツ競技にみられる名物監督と称される指導者などはその最たる例であるし、その手腕や指導法は広く注目の的となる。ある意味では、教師にとって、これ以上に独自色を自由に出せる場面は、学校という世界の中で他に並び立つものがないかも知れない。その一方で自由である反面、悪しき意味での我流や自己流、独善的な指導に陥る危険性もある。また、その目標は結果としての勝利や入賞に置き換えられやすい。「競技力」というもっともらしい呼び方で語られるが、字面に惑わされず突き詰めれば、より速く、より遠く、より強く、より多く、などという優劣に絶対的な価値が置かれることとなる。その傾向は最たるものとしては「勝利至上主義」と揶揄され、生徒に過剰な負担や精神的疲労を課して社会問題にもなってきた事実もある。また過度の精神論への偏重や、タテ関係（先輩後輩関係）を色濃く出した部活動文化など、独特の集団関係や社会性をつくりあげることにもなる。指導していく立場としては、あくまでも学校教育の一部として自覚し、広くさまざまな生徒集団の集まりであることを前提に、公正に扱っていくよう務めな

ければならない。

 ２つ目に、制約や条件としてのしかかる時間の問題がある。各学校単位で見ると、多くの中学校では、部活動は放課後を中心に活動が盛んに行われている。とりわけ運動部では、土曜日曜の休日や、早朝練習（"朝練"）、昼休み中にも活動を行うところもある。ただし、その活動量が過剰となると、生徒にとっては他の学校生活との両立に支障を来すことにもなるし、顧問教師にとっては、自分の授業や担任業務、校務分掌に差し支えることもある。だが、部活動が課外活動であることから、公には、教員にとっての職務とは定められず、放課後や休日の指導は、職務外の活動でしかない。ゆえに部活指導は顧問教師にとって給与体系に位置づけられにくく、職務を増やすばかりの多忙状況の一端を生み出している。現場では、顧問教師の任意と善意でカバーされているのが実情である。

5　中学校部活動の現代的問題

　近年、部活動をめぐっては、より大きな視点での社会の動向も影響している。最たるものが少子化である。それは、部員数の減少を余儀なくし、練習や大会参加に必要な人数が揃わないなど活動への支障も来している。結果的に、廃部となることも少なくない。一方、その状況を近隣等の学校との「合同部活動」という形態でしのぐ事例もある。2010年度でみるとバレーボール（112校）、サッカー（90校）、軟式野球（75校）が、合同部活動が多く行われた上位３つの競技種目であり、他の競技とは大きな開きがあった。またその総数も近年増加傾向にある（例えばこの５年間でも、平成18：305校→平成22：419校と増えている）。ただし、合同練習に際しての移動や集合の問題、チームの強化にすり替えられうる、などの問題もあり、その実施も容易ではない。

　社会動態の動きは、少子化に限らない。学校社会では近年、教員の高齢化問題が著しい。それは、体力・健康面での低下を伴い、実技指導をむずかしくする。さらに校務でも要職や管理職への移行が求められる年代となり、顧問としての活動がままならなくなる。結果、顧問教員不足の問題を生んでいる。それに対しては、「外部指導員」制度が多くの自治体で取り入れられようとしている。1995年の経済同友会の「学校から『合校』へ」提言や、1997年の保健体育審議会答申での地域スポーツの振興策など[3]、部活動を社会体育へと移行し、地

域の教育機能や人材を活用することで、学校の負担を少しでも少なくしようとする動きが背景にあった（「学校のスリム化」）。2011年2月現在、中体連が把握する全国1万814校の中学校に対して2万9649人の外部指導員が活用されている（1校あたり2.7人換算）。とはいえ都市部以外では人材確保が難しい現実があり、外部指導員体制にも課題は山積みである。

⑥　これからの中学校部活動の課題

　部活動を、中学校での教育活動の一部とみなしたうえで、その特質と課題をまとめておこう。
　第1に、部活動は一部の特別な生徒のものか、誰もが参加できるものか、という視点がある。部活動は、その活動が得意で存分にやりたい有志が集う、あるいは、その生徒個人の技能や特性をしっかり伸長するべきだという意見が考えられるだろう。そうなるとその活動種目が不得意な生徒は参加を見送るべきなのだろうか。否、中学校は義務教育である。学校教育のなかでの部活動という意味からは、広くさまざまな生徒の参加が望まれる。さらに、発達の視点では中学生はめまぐるしい成長過程の途上にある。また社会的にみれば、各競技種目への本格的な参加となる場である。学校に部活動があったからこそ、その活動に触れ、その世界に入っていくことができる生徒もいる。これは義務教育である中学校での部活動の意味づけとして大きな特質である。その点から、将来への可能性を広くとらえ、まずは、参加者の得意不得意に関わらない"開かれた"運営が課題となる。
　第2に、集団と個人に関わる教育的効能の視点である。部活動は、部員みんなにとっての目標が立てられ、協力・団結が目指され、そのなかでの生徒自身のあり方を考えねばならない活動である。また、クラスメイトとはちがった、部活仲間という、異なる交友グループの土壌でもある。多面的な学校生活の一面として、生徒が学校や社会へ向かっていく助けにもなるという特質を持つ。部活動がこのような場や集団であることの効能も課題として念頭に置かねばならない。
　第3に、2008（平成20）年版指導要領で新たに強調された、学校の教科活動や特別活動との関連の視点である。たとえば各教科における学習活動との連携やその発展として、あるいは文化祭や体育祭などの行事との相互関連で、部活

動のその日常的な活動や成果が相乗効果を生み出す。部活動に携わる者は、単なる余暇や趣味のためとしてではなく、学校教育の一部としてあるからこその意義を課題として持ちつづけていくべきであろう。

注

1) 文部省「第3 指導計画の作成と内容の取扱い4」『平成元年版中学校学習指導要領』1989年。
2) 文部科学省「第3章教育課程の編成及び実施」(「第5節　教育課程実施上の配慮事項」)『平成20年版中学校学習指導要領』2008年。
3) 文部省『生涯にわたる心身の健康の保持増進のための今後の健康に関する教育及びスポーツの振興の在り方について』(保健体育審議会答申)、1997年9月22日。

参考文献

西島央編『部活動 その現状とこれからのあり方』学事出版、2006年。
森川貞夫・遠藤節昭編『必携スポーツ部活動ハンドブック』大修館書店、1989年。
文部省『みんなでつくる運動部活動』東洋館出版社、1999年。
(財)日本中学校体育連盟公式ホームページ (http://www18.ocn.ne.jp/~njpa/)。

第IV部

高校の特別活動

第1章　ホームルーム活動の指導

1　高校におけるホームルーム活動の意義

　新学年スタートの日、高校生にとっての関心事は、新しいクラスの発表であろう。喜び合ったり別れを惜しんだりする生徒たちが廊下にあふれて、ちょっとした騒ぎになったりする。高校生であっても、ホームルーム活動は高校生活に大きな影響を与えていることがわかる。
　高等学校学習指導要領では、ホームルームは「学校における生徒の基礎的な生活集団」と定義されている。そして、ホームルーム活動の内容として以下の3項目があげられている。

(1)　ホームルームや学校の生活づくり。
(2)　適応と成長及び健康安全。
(3)　学業と進路。

　ホームルーム活動には、学校生活への適応援助、集団のなかでのルールや社会性の学習、そして、学びや学校集団の経験を通した個々の成長と未来への準備が期待されているのである。これらの目標をよりよく達成するためには、良好なコミュニケーションと、生き生きと学び合い成長し合える文化、つまり協同の文化がホームルームのなかに育っている必要がある。
　白松賢によると、現代社会のなかで失われつつあるソーシャル・キャピタル（社会的資本、社会関係資本、社会のあつみ等に訳される）は、教育力の基盤となるもので、そのなかでも「信頼（しあう人間関係）」「規範」「ネットワーク（多様なつながり）」は重要なファクターであるという[1]。これらは、全て人とのかかわりの中にあるもので、ホームルーム活動を通して培おうとしていることと重なっている。「私たちには新しい教育のビジョンが必要である。……子どもたちが、他人をケアする大人、地域社会の建設者、学びの共有者、書物の愛好者、世界の市民、自然の保護者に成長するよう手助けすることを目指していかなければ

ならない」これは、ボストン公立学校制度委員会でカリキュラムの専門家として働くアニータ・ティータの言葉だが、ここに表されているのはソーシャル・キャピタルの担い手となる大人たちの姿である。そういう大人に育つためには、生徒自らがソーシャル・キャピタルのなかで成長する経験を持つ必要がある。社会のなかからそれらが失われつつあるとするならば、自立に向かう青年期だからこそ、学校に、ホームルームのなかに、教師がソーシャル・キャピタルを育てていくことが重要になってくるのである。

2 高校におけるホームルーム指導の展開

1 3月をイメージしたビジョンを持つ

担任があらかじめ肯定的なビジョンをもって新しいクラスに臨むことは大事である。否定的なビジョン（たとえば、「学級崩壊しない」など）では、それらの課題が解決したあとのビジョンがないため、ホームルームは成長しにくい。1年後の3月のクラスをイメージして組み立てるとよい。下は、ビジョンの例である。

①ホームルームのビジョンの共有……学校生活や学習活動の意義や目標が全員に共有されている。
②肯定的な相互尊重……生徒間・生徒教師間のコミュニケーションが良好で、互いに違いを認め、信頼し成長しあえる人間関係がある。
③良好な学校適応……学習活動や学校行事や部活動や委員会活動が積極的に行われる。
④規範意識の育成……マナーや基本的な生活習慣が改善されている。
⑤協同と自律の育成……協同学習や行事などの協力しあう活動と、個人で深める活動の両方がうまく行えている。
⑥多様なネットワーク……保護者どうしのネットワークも育っている。また、校内の学年や教科担当者といった教員同士のネットワークや地域資源、卒業生、校外の専門機関とのつながりも育ち、連携や協力によって育ててもらえている。

2 時期ごとの方針を定める

ビジョンが決まったら、年間の指導計画を立てていく。ただし、以下に述べる3つの時期は、ホームルームづくりのポイントとなる。

① 新学期からの約1週間……ホームルーム組織のフォーマットづくり

ホームルームのビジョンを示し、生徒を組織し、ルールを決め、学校生活への適応をうながし、人間関係づくりの援助を行う、ホームルームづくりの基本の期間である。

自律的なホームルームを育てるためには、その前提として「規範」を教える必要がある。会議のやり方を教え、自分たちでルールを作る経験をさせたい。

ルールは、目的を達成するための手段である。どんなホームルームにしたいか、というビジョンがあるから、それを達成するためにルールが必要となるのである。だから生徒とともにルールを作るという作業は、実は担任と生徒、生徒同士のホームルームに対するビジョンをすりあわせていく作業でもある。だからルールを作る際には、できるだけ生徒を参加させたい。そして、ルールの決め方、ルールの有効期間、ルールが守られなかったときの対処の仕方、改正する場合の手続きも話し合わせたい。その上で、試行期間を定め、運用に問題がなかったら正式にそのルールを採用する。[3]

会議のやり方は、協力しあって気軽に達成できるような課題から徐々に課題のレベルをあげて教えていく。生活班などのグループで原案を出し、全員で討議して決定する。クラス目標も生活班の作り方もホームルームで話し合うにはいいテーマとなる。できれば、多数決にたよらない、全員の納得をめざす話し合いも経験させたい。こうした指導や援助が、ホームルームに協同の文化を育んでいくのである。

② 居場所づくりと温かい人間関係の完成……6月

学校を中途退学する生徒のほとんどが9月の時点で学校に不適応感を持っているという。夏休み明けの学校を生徒が楽しみに感じるためにも、6月の終わりには教師・生徒および生徒間の人間関係を安定させたい。

新しいホームルームが作られたあとの人間関係には、ある一定の傾向がある。最初は席の近い者同士で仲良くなるが、5月下旬から6月にかけて大幅なグループの組み換えが行われる。性格や興味関心が近い者同士が親しくなることから起こっているので、当然のことなのだが、それに伴って人間関係トラブルが起こったり、居場所を失う生徒が出てきたりする。6月は、特に人間関係の調

整に注意が必要な時期なのである。
　③個人の成長を目的とした活動を組み込む……11月
　凝集性が高まりすぎるのを防ぎ、仲間に向かっていた意識を自己の内面や未来の目標に向けることがねらいである。こういう場面には、進路学習などが適切である。進路学習は、集団の活動と個人の活動のバランスをとる働きをする。ただし、個々で学ぶことだけを勧めているわけではない。主体的に進路選択をした生徒は、高校生活に適応し、進路について相談できる友人や家族に囲まれていた場合が多い。そこで、進路学習も他者とかかわる形式をとりいれることを考えたいものである。進路についての認識が深まるだけでなく、進路について話せる仲間づくりを手伝うことにもつながる。個人にかかわることでも、グループ活動を通して深めることはできる。

3　人間関係づくりの援助

　新しい人間関係づくりを意識した援助を行うとよい。個人面談で一人ひとりの個性や背景を理解するとともに、人間関係づくりのゲーム[4]などを活用しながら、話ができる関係づくりを支援する。6月は、人間関係再編成の時期なので、すでにできているグループを越えた活動を意識的に組み込んで、いろいろな人に出会えるようなホームルーム活動を行う必要がある。そういう意識をもって学校行事を活用したい。
　人間関係のトラブルは、人間関係を学ぶチャンスでもある。両者の言い分の通訳の役割を果たしたり、何が起こっているかを説明したり、仲介する生徒に調停のやり方を伝えたりできると、当事者だけでなく周囲の生徒も成長の機会となる。トラブルの機会をとらえて、和解の方略を教えたい。

4　リーダーの育成

　リーダーの経験から学べることは多い。他者を知り、自分の力を発見する機会になる。できるだけたくさんの生徒にリーダーを経験させたい。
　リーダーを育てるのはフォロワー（協力する周りの生徒たち）だともいえる。だから、教師はフォロワー育成に力を注ぎたい。いいフォロワーが育つといいリーダーも育ち始める。逆に、いい形でリーダーを経験した生徒は、いいフォロワーにもなり、ホームルームを成長させる核になっていく。
　行事ごとに生徒を組織したり、グループ化したりして、それらの班長、司会、

実行委員長、責任者などという形でリーダーを募集すると、多くの生徒がリーダーを経験できる。担任による指名よりは、むしろ立候補や推薦を募り承認をとりたい。それがリーダーの主体性を伸ばすことにもフォロワーを育てることにもつながる。

　経験のためのリーダーであればなおさら、負担は少なくしたい。期間を短く、仕事内容も少なくして、そのかわり大勢で分担するとよい。リーダーをやったことがない生徒も気軽にリーダーを引き受ける雰囲気がでてくると、協同の文化が熟成してくる。リーダーは集団への貢献を意識するようになるし、フォロワーはリーダーをあたたかく迎えるようになる。教師は、必要に応じて、リーダーになった生徒に全員の前で意見のまとめ方などを教え、うまくできたらどうしてうまくいっているか、ということも伝えたい。それは、全員にリーダーシップの取り方を教える機会にもなるし、リーダーを励ますことにもなるからである。

5　コミュニケーションツールの工夫

　生徒間、および教師―生徒間のコミュニケーションの質は、ホームルーム活動の質に影響を与える。「信頼」「規範」「ネットワーク」といったソーシャル・キャピタルは、コミュニケーションによって充実するからである。信頼を基本としたコミュニケーション構築には、言葉だけでなく、文字も有効である。たとえば「ホームルーム通信」は、担任のビジョンや思いを伝えやすいツールである。これに生徒の書いた文章を紹介したりすることで、生徒たちがお互いに知り合うことも援助できる。ほかにも、1冊のノートに生徒が何か書き、担任がそれにコメントをして次の生徒に回す、という、回覧式の交換ノートのような方法で生徒同士をつなぐこともできる。生徒たち同士もまた回覧するうちにノートを通じて深く知りあえるという特徴がある。どちらもコメントはできるだけ肯定的なほうがいい。生徒の長所を他の生徒に紹介するつもりでコメントしたい。肯定的なフィードバックが肯定的なコミュニケーションを促進するからである。

6　困ったときにはチームで対応

　ホームルームはいつもうまくいくわけではない。困ったときには、どんどん他者の力を借りるとよい。相談したり、協力を求めたりすることで、突破口も

見えてくる。担任が抱え込むと、周りの人もどうサポートしていいかわからなくなる。なにより、保護者や同僚など多様な人たちがホームルームにかかわることが、生徒たちを育てる多様なネットワークにもなっていくのである。

注
1）　白松賢「これからの学級活動の創造──『学級活動』に着目して」『日本特別活動学会紀要』第15号、2007年、2頁。
2）　『ボストン・グローブ』紙への1991年5月の投書。ジェーン・R・マーティン著、生田久美子監訳『スクールホーム～〈ケアする学校〉』東京大学出版会、2007年、47-48頁。
3）　和井田節子『教育相談係どう動きどう楽しむか』ほんの森出版、2005年、151-154頁。
4）　人間関係作りゲームは、多く出版されている。以下に一部を紹介する。
　　横浜市学校GWT研究会「学校グループワークトレーニング」遊戯社、1989年。
　　横浜市学校GWT研究会「協力すれば何かが変わる　続　学校グループワークトレーニング」遊戯社、1994年。
　　(財)日本レクリエーション協会監修「新グループワークトレーニング」遊戯社、1995年。

参考文献
水野修次郎、和井田節子『争いごと解決学練習帳～新しいトラブル防止教育』ブレーン出版、2004年。
ジェーン・ネルセン、リン・ロット、H・ステファン・グレン著、会沢信彦訳、諸富祥彦（解説）『クラス会議で子どもが変わる～アドラー心理学でポジティブ学級づくり』コスモスライブラリー、2000年。

第2章 生徒会活動の指導

1 5つの活動内容

生徒会活動の「目標」について、学習指導要領では次のように記されている。

> 1 目標
> 　生徒会活動を通して、望ましい人間関係を形成し、集団や社会の一員としてよりよい学校生活づくりに参画し、協力して諸問題を解決しようとする自主的、実践的な態度を育てる。

　この目標を達成するために、生徒会活動では次の5つの活動に取り組むよう学習指導要領に示されている。

1　生徒会の計画や運営

　生徒会活動は生徒会会員が、互いの学校生活の充実と改善向上を願って取り組むものである。したがって生徒会行事の企画・立案や運営、生徒各役員をはじめとする諸役員の選出や生徒総会の議事運営、各種委員会の活動などはすべてこの活動に含まれる。『高等学校学習指導要領解説特別活動編、2009年』では、さらに具体的に次のような5つの活動が示されている。

　　ア　学校生活における規律とよき校風の確立のための活動
　　イ　環境の保全や美化のための活動
　　ウ　生徒の教養や情操の向上のための活動
　　エ　望ましい人間関係を深めるための活動
　　オ　身近な問題の解決を図るための活動

2　異年齢集団による交流

　生徒会活動は、委員会活動など、学年を越えた異年齢集団が共に活動するという性格を持つ。上級生から下級生への指導など、どちらにも人間関係や社会に対する大きな学習の機会となる。また、異年齢集団の交流は、小・中学生や幼児、地域の高齢者など、学校内から学校外へと広げられ、生徒が自他の理解を深め、社会の一員としての自覚を持つようになることが期待されている。この活動を通して、学校の生徒会活動は地域社会に根ざした活動になっていく。

3　生徒の諸活動についての連絡調整

　生徒会活動が円滑で充実したものになるためには、生徒会のなかの各組織や会員の間に立って連絡調整が必要になる。例えば学園祭などの生徒会行事に参加する HR や有志団体の連絡調整、運動部・文化部の活動場所や活動時間の調節、活動のための予算編成などである。

4　学校行事への協力

　学校が企画した行事に、その趣旨に従って、生徒会として協力する活動である。生徒会の代表が入学式で新入生を歓迎する言葉を述べるようなものから、卒業式の一部を生徒会が生徒会行事として企画立案・主催するような参加もある。学校作りに、生徒が教師と協力して、自主的、積極的に参加するというよき校風を作る機会となる。

5　ボランティア活動などの社会活動

　高校生の社会的な発達過程を考えれば、学校生活の充実と改善向上を図る活動は、地域社会のそれへと広げられる必要がある。生徒会活動の中心は学校内ではあるが、地域の清掃活動のようなボランティア活動や、他校との交流、地域や自治体が主催する行事への参加などの学校外での活動は、生徒の自主性と社会性を伸ばすことになる。

2　組織された生徒会

　学校の全生徒が、生徒会活動に取り組み、学校生活の充実と改善向上を実現するために、生徒会は、審議や意思決定と、分業とその調整によって運営を行

う適切な組織でなければならない。組織はその機能から①審議機関と②運営執行機関に分けられる。多くの高校の生徒会組織は、民主主義の国や自治体の組織を模した形になっている。生徒会活動を通して高校生は、民主主義の意思決定の方法と社会の一員としての社会参加の責任と意義を学ぶ。

1　審議機関

「生徒総会」は生徒会の最高審議機関である。通常は年1回、昨年度の生徒会活動の総括と来年度の活動計画の承認、生徒会決算・予算の承認、生徒会規約の改正など、生徒会活動の重要で基本的な内容について審議する。また生徒総会に次ぐ審議機関として、各種委員会とHRの代表による「代表委員会（中央委員会）」を置く。年に複数回開かれ、生徒総会で承認された年間計画の具体的な内容（例えば文化祭やボランティア活動）などの審議を行う。各HRから選出された評議委員による「生徒評議員会」がこの役割を担っていることもある。

生徒会活動は、民主的で能率的な審議ができるように、優れた議事運営の方法を学ぶよい機会となる。

2　運営執行機関

生徒会長、副会長、会計、書記、庶務などからなる「生徒会執行部（生徒会役員会）」は、年間計画や決算・予算の作成、審議機関への議題の提出、各種委

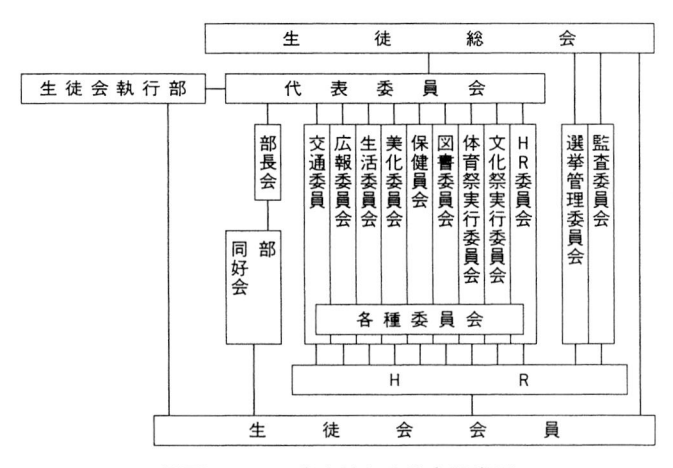

図IV-2-1　代表的な生徒会組織図

員会の招集など、生徒会全体の運営や執行を行う。HR代表、健康、交通、美化、文化祭、体育祭などの生徒会活動は分業され、それぞれ担当の「各種委員会（専門委員会）」が置かれる。各種委員会の年間計画などは各種委員会内で審議するが、連絡調整のために、各種委員会の代表を招集する「代表委員会（中央委員会）」において、活動計画や総括についての報告と審議が必要となる。また、選挙管理委員会、会計監査委員会は各種委員会とは別の組織として置かれていることが多い。

3 教師の指導の留意点

生徒会活動は、教師の適切な指導を必要とし、その指導は生徒の自発的、自治的な活動を助けることに留意しなければならない。生徒会活動を指導する際の留意点について、特に生徒会顧問と生徒会執行部について具体的に述べる。

1 生徒会顧問

生徒指導を担当する部署に、「生徒会顧問」という生徒会を指導する担当が置かれる。多くは主に生徒会執行部を指導することを通して、生徒会全体の指導を行う。これは、生徒会全体のリーダーシップを生徒が選んだ代表に取らせることで、生徒会活動を、生徒の自発的、自治的な活動にするためである。また、各種委員会にもそれぞれ顧問が置かれて生徒会顧問と連携を取っている。

生徒会顧問の熱意と能力が、生徒会活動が有意義なのになるかどうかを左右することは言うまでもないが、特に、生徒会執行部の成長は、生徒会顧問のリーダーシップやコミュニケーション・スキル、問題解決能力などをモデルとしてなされていくため、活動のなかで生徒会顧問のこれらの能力が積極的に示されなければならない。

時に、学校の指導と生徒会の自発的、自治的活動の間に葛藤を生むことがあるが、この葛藤を生徒の意欲を損なうことなく教育的な成果へつなげるように、学校と生徒会との調節を行う能力も、生徒会顧問には必要である。

2 活動計画と指導計画

学校行事や校内校外の活動をこなしているだけでは、生徒会活動の教育的効果を高めることはできない。生徒会顧問は、年度当初に1年間を見通した活動

計画を作る必要がある。行事や活動だけでなく、準備のスタート日、必要な審議や調整、活動終了後の総括の日程も入れておく。早めに始めて余裕を持って進めることがよい生徒会活動を作る秘訣である。時間に余裕があれば、生徒が自発的、自治的に活動をすすめていくことや、試行錯誤を繰り返しながら学んでいくことをゆっくりと待つこともできる。

この活動計画には、活動ごとに、どのような教育的成果を生徒会と生徒会執行部に期待するのかという指導目標を記入する。これが生徒会執行部と生徒会の成長についての青写真になる。また、活動後にその成果を評価することも大切である。

指導目標として次のようなものがある。

　ア　民主的な社会の一員として、自治への意欲が生まれ、その方法と規律を学び実践できるようになる。
　イ　自他の個性を認め、それを互いに伸ばしていくとともに、健全なコミュニケーションを持った有意義な人間関係を築きあげていこうとする。
　ウ　生徒相互の連帯感と学校への所属感が深まり、良き校風や伝統を作り継承しようとする。
　エ　自分たちの学校生活や社会生活をより充実したものにしようと考え、学校内の活動や学校外のボランティアなどに積極的に参加する。

3　生徒会執行部

生徒会執行部は、生徒総会や代表委員会の承認を得ながら、生徒会全体の運営と執行を行う。生徒会会員の直接選挙によって選ばれた「生徒会役員」とともに、会計や庶務などの「生徒会事務局」を設けることが多い。

生徒会執行部は言うまでもなく生徒会のリーダーである。ところが生徒会執行部が他の生徒たちと遊離した存在になってしまい、「生徒会の人」などと呼ばれて孤立している高校もある。生徒会を育てるためには、まず生徒会執行部を生徒会のリーダーとしてふさわしいものに育てなければならない。その留意点を述べる。

　ア　生徒会執行部をサポートする生徒たちを育てていく。行事などの生徒会活動のたびに、広く協力者を募る。また、リーダー研修会を企画し、クラスや委員会、各部のなかから新しいリーダーを見つけていく。生徒

会活動を理解し賛同する生徒が増え、次の執行部にふさわしい人材の目星も付いてくる。
イ　生徒会活動のいろいろな場面で、生徒会執行部のリーダーシップがはっきりと目に見えて発揮されるように配慮し、生徒会執行部が誇りを持って活動できる雰囲気を作る。
ウ　生徒会執行部のリーダーシップは、生徒会会員の支持によって力を発揮する。運営が独善的にならないように、生徒会会員の意見を広く集め、中央委員会や生徒総会などの審議や運営が民主的になるよう指導する。そのために、適切な討議法（バズセッション、パネルディスカッションなど）や議事進行（ロバート議事法）を用いさせる。
エ　生徒会執行部の生徒の他の世界を大切にする。部活動ができなかったり、勉強の妨げになったりしないように配慮する。そのためにも早めに活動計画を立て、生徒会執行部の生徒が互いのスケジュールを調節しやすいようにし、仕事が偏らないように分担をさせる。会議は定例化するのが望ましい。時には、今までの活動を精選することも必要になる。

参考文献

五十嵐弘晃『楽しい生徒会をつくる21の秘訣』明治図書出版、1995年。
高橋哲夫・原口盛次・井上裕吉編著『新訂 特別活動研究』教育出版、2000年。
高旗正人・倉田侃司編著『新しい特別活動指導論』ミネルヴァ書房、2004年。
丸山博通『中学・高校　生徒会づくり入門』あゆみ出版、1996年。
文部科学省『高等学校学校指導要領解説　特別活動編』海文堂、2010年。

第3章 学校行事の指導

1 儀式的行事

　『高等学校学習指導要領』には、儀式的行事の基準を、「学校生活に有意義な変化や折り目を付け、厳粛で清新な気分を味わい、新しい生活の展開への動機付けとなるような活動を行うこと」としている。

　儀式的行事の具体的なねらいは、①学校の教育目標との関連を図り、実施する個々の行事のねらいを明確にし、これを生徒に十分に理解させるとともに、できる限り生徒にいろいろな役割を分担させ、使命感や責任感の重要さについての自覚を深める機会とする。②儀式的行事の教育効果は生徒の参加意欲とその儀式から受ける感銘の度合いによって左右されるため、いたずらに形式に流れたり、厳粛な雰囲気を損なったりすることなく、各行事のねらいを明確にし、絶えず行事の内容に工夫を加えることが望ましい。③儀式の種類によっては、単に学校や地域社会の一員としての連帯感の育成にとどまらず、国民としての自覚を高めるとともに、社会に対する貢献の意識や国際理解、人類愛の精神の涵養に役立つ機会とする。また、④入学式や卒業式などにおいては、その意義を踏まえ、国旗を掲揚するとともに、国歌を斉唱するよう指導するものとする。

　以上の点を踏まえると、各々の行事の目標を学校の教育目標に準拠し、生徒の使命感や責任感を育てる機会となるよう、生徒に十分理解させ、積極的な活動意欲を高めるような工夫と指導が大切である。特に、入学式と卒業式については、厳粛な雰囲気のなかで粛々と行われるために、全校生徒と教職員が一同に会して国歌を歌い、国旗掲揚をすることは、国際化の進展から日本人としての自覚を促し、学校や社会、国家など集団への所属感を高め、国の国旗や国歌に対して一層正しい認識をもたせ、それらを尊重する態度を育てることが重要である。

　中学校社会科では国旗及び国歌の指導について、「国旗及び国歌の意義並び

にそれらを相互に尊重することが国際的な儀礼であることを理解させ、それらを尊重する態度を育てるよう配慮する」としている。しかし、学校現場では、国旗掲揚や国歌斉唱の指導徹底に一部非難する動きもある。

その他の開校記念日（式）や始業式、終業式、新任式、離任式、対面式、朝会等の行事については、学校により行事のねらいや実施方法が様々であるため、国旗の掲揚や、国歌の斉唱指導をどこで行うかについては、各学校に任せられている。

2 文化的行事

> 平素の学習活動の成果を総合的に生かし、その向上の意欲を一層高めたり、文化や芸術に親しんだりするような活動を行うこと。

文化的行事としては、文化祭（学校祭）、音楽会（合唱祭）、弁論大会、各種の発表会（展覧会など）、講演会、映画や演劇鑑賞会などが挙げられる。

高校の場合、文化的行事は授業のほか部活など、平素の学習活動の成果が総合的に生かされる分野である。したがって、これらの行事を実施するに当っては、一つひとつの行事の意義、内容、指導方法について綿密な討議と立案が重要である。そして、その実施に当っては、生徒の発達段階を考えながら、生徒の自発的な創意工夫を生かし、生徒相互の努力を認め合い、協力して活動を展開するように指導援助することが大切である。

文化的行事のなかでは、文化祭に一番力を入れている学校が多く、またそれはその学校の校風を高めるよい機会となっている。文化祭は学校の指導の下に、生徒会が中心となってクラス代表や文系クラブ代表などによって実行委員会が構成され、そこが具体的運営に当たる場合が多い。

文化祭の形態は、クラス単位の舞台発表や展示、模擬店などとともに、演劇部、合唱部、吹奏楽部、美術部などのほか、化学部、社会科研究部、天文部など教科の指導を受けている部活の平素の活動発表の場でもある。部活の優れた発表や上級生の優れたクラス演技を鑑賞することによって、下級生はそれを学び次年度にはそれを超えようと頑張る。こうした切磋琢磨の精神の涵養が大切

で、そこから学校文化の伝統が生まれる。文化祭は2学期に実施しているところが多いが、学校祭（学園祭）として体育祭と連続的に実施している学校もあり、地域の実情も踏まえて計画することが望ましい。

全校生徒または1つの学年の生徒を対象とする講演会は、講師として著名人だけでなく、活躍している卒業生やその道の達人などを迎えることによって、真摯な生き方や進路選択や職業について考える機会にさせたい。なお、文化的行事を指導するに当たっては、次のような配慮が必要である。

① 生徒の心の交流と相互理解を深め、全員が協力して、よりよいものを作り出す意欲を高めるとともに、優れた演技や作品を鑑賞する喜びを深めるようにする。
② 生徒の集団の力で発表する能力を育てたり、他者の発表を見たり聞いたりする鑑賞の望ましい態度を養うこと。
③ 生徒の研究やその発表の意欲を尊重し、各教科での学習やホームルーム活動、生徒会活動との関連を十分図りながら、行事の意義を十分に理解して、全校生徒が積極的に参加するように指導助言する。
④ 活動を通して生徒の個性を伸ばし、自主性、創造性を高めるとともに、目的に向かい協力してやり遂げることにより達成感や連帯感を味わい、責任感と協力の態度を養うこと。
⑤ 生徒の学習活動の成果を学校の内外に発表することによって、学校に対する家庭や地域社会の理解や協力を促進させる機会になるように配慮する。

なお、文化的な行事は事前の準備や事後の後片付けなど、かなりの時間と労力を必要とするものがあるが、これらの全過程をとおして、計画的に遂行するする指導が大切である。

また、これらの行事を教師と生徒が一緒に取り組むなかで、教師と生徒の信頼関係と生徒相互の望ましい人間関係を図ることができる。

3　健康安全・体育的行事

1　体育祭（体育大会）の意義

各学校には建学の精神があり、教育目標がある。それに基づいて教育課程等

が組まれ、特別活動にもその特色がでている。授業以外で様々な能力をもつ生徒に活躍の場を与え、学校全体の連帯感を高める効果もある。そのなかでも、体育祭はそれぞれの学校の特色が顕著にあらわれ、よき伝統となっている。生徒・教職員が1年に一度集い、汗を流し、よき伝統を共有・継承する場である。また運動能力の高い生徒に活躍の機会を与え、学校全体が1つとなって活動できる数少ない学校行事でもある。

しかし、その体育祭が受験の都合で実施時期が決定されたり、授業時数の確保のために練習が大幅に縮小されたり、陸上の記録会に変更したりする傾向があるようだ。大学附属中学・高校という特殊な環境にあるのではあるが、本来の目的を達成していると思われるA校の例をみてみよう。

2　体育祭（体育大会）の実際

A校は中学各学年10クラス、高校各学年10クラス、全校生徒約2500人のいわゆるマンモス校である。そのなかで体育大会の目的を達成するために様々な工夫がなされている。A校では「祭」という位置づけではなく、日頃の教育活動の発表の場として「体育大会」としている。

A校の体育大会のプログラムをみてみよう。

```
1  開会式　(1) 入場行進　(2) 開会のことば　(3) 国旗掲揚・国歌斉唱　(4) 学校長
         あいさつ　(5) 生徒代表宣誓　(6) 諸注意
2  演技　午前 (1) 全校体操【全員】(2) 五色玉入れ【中学選抜】(3) 武庫の渦
         【高校1年】(4) 中学クラス対抗リレー【中学選抜】(5) 大縄とび【高
         校選抜】(6) 騎馬戦【中2】(7) 大玉おとし【中1】(8) 棒引き【中
         3】(9) 高校クラス対抗リレー【高校選抜】(10) 大玉エスカレーター
         【各学年選抜】(11) 綱引き【各学年選抜】(12) マーチングバンド部
         午後 (13) 学院音頭【有志】(14) ダンス部 (15) 鳴松会・保護者・来賓
         (16) 変身【高3】(17) 民謡【高2】(18) 学院愛唱歌【中3】(19) リズ
         ム体操【中1】(20) 創作ダンス部 (21) 障害物競走【高2】(22) 色別対
         抗リレー【各学年選抜】(23) バトントワリング部
3  閉会式　(1) 成績発表　(2) 表彰　(3) 学校長あいさつ　(4) 学院歌斉唱　(5) 国
         旗降納　(6) 閉会のことば
```

開会式にはじまり、23ものイベントを入れ、閉会式までを1日の行事のなかに入れるために様々な工夫をしている。

- 生徒一人ひとりが少なくとも2～3種目に参加する。
- 各学年の学年種目とマスゲーム、個人種目を入れる。
- トラック競技とフィールド演技を交互に入れ、入退場を同時に行うことによって、他校に例を見ないほどの数のイベントを1日のプログラムに入れる。
- 中学1年生から高校3年生までの1～10組を2クラスずつ赤・青・黄・緑・白の5色に分け、色別に成績を得点化する。
- 予行演習も実際に演技・競走をして、スタンドから鑑賞・応援をする。一部は得点を本番に追加する。
- 本番では、スタンドに来賓・保護者席、トラック外に生徒席を作る。
- 学校見学会も兼ねており、この学校の受験を希望する児童・生徒・保護者も招待する。
- 全学年の生徒代表で実行委員会が組織される。また学年が進行するにつれて、演技の内容を生徒が決定する割合が増える。高校3年生の創作ダンスでは、すべて生徒が内容を考え、練習の指導も行う。
- 「学院音頭」「学院愛唱歌」などの伝統的な演技を守り続ける。

様々な試行錯誤の歴史を通して、現在の体育大会がある。生徒たちは決してしらけることなく、予行演習から中学1年生から高校3年生までの自分の色のクラスを応援し、先輩の演技を鑑賞して、すばらしい演技には惜しみない拍手を送り、来年は自分たちの番だという自覚を持つようになる。

3　体育大会の指導

体育大会の準備日程をみてみよう。

```
9月4日    全校実行委員会【教員打ち合わせ】
9月6日    学年別実行委員会【学年種目・全体の係決定】
9月7日    用具の確認・準備
9月18日   始業前行進練習【中1・高1】、2時間合同練習【中2・3・高2】
9月19日   始業前行進練習【中2・高2】、2時間合同練習【中1・高1・高3】
          出場者名簿・演技図提出
9月20日   始業前行進練習【中3・高3】、プログラム原稿締め切り、入退場説明会
9月21日   始業前行進練習【中1・高1】、出場者決定、係説明会
9月25日   始業前行進練習【中2・高2】、各学年1時間練習
```

9月26日	始業前行進【中3・高3】、2時間合同練習【中2・3・高2】
9月27日	2時間合同練習【中1・高1・高3】
9月29日	体育大会予行準備、【体育部員・係生徒】
10月1日	体育大会予行・反省会、プログラム最終原稿完成
10月4日	各係主任打合会【教員打ち合わせ】
10月6日	体育大会準備【運動部員・係生徒】
10月7日	体育大会

　一昔前までは、1学期や夏休みに体育大会の練習が行われたり、練習にかなりの時間が割かれていた。行進も何度も繰り返し練習をしたものである。しかし、昨今では授業時数確保等のため、どんどんと練習時間が減少している。そのなかでいかに生徒の意欲を高め、効率的に実をあげるかが指導のポイントとなっている。

　ま　と　め
　私は体育科ではなく、英語科の教員であるので、体育的行事を中心となって指導した経験はないのであるが、2つの私立学校の現場で25年間生徒を指導してきた経験から体育祭について述べた。体育大会は学校の1つの顔であり、生徒・教職員にとってなくてはならない行事である。このことは、これまでも、これからも変わることはないであろう。

4　旅行・集団宿泊的行事

　遠足や修学旅行は旧制の中学・高等女学校時代から行われてきた行事である。1886（明治19）年東京師範学校が実施した「長途遠足」が修学旅行の始まりであるといわれるが、この行事は、身体・集団訓練を目的とした「行軍」との区別がはっきりしていない。この時期の集団宿泊的行事には、「行軍」的要素と、自然などの実地研究や生徒間の親睦を目的とする、遠足の延長としての「旅行」的要素が混在していた。[1)2)]
　2009（平成21）年、学習指導要領は、旅行・集団宿泊的行事について「平素と異なる生活環境にあって、見聞を広め、自然や文化などに親しむとともに、集団生活の在り方や公衆道徳などについての望ましい体験を積むことができるような活動を行うこと」と記している。ここには、①非日常的環境における

人間的ふれあいや思い出作り、②教科学習活動の拡充、そして、③学校内集団・一般社会のマナーやルールを学ぶ機会、という意義が示されている。親睦体験・学習体験・集団体験という要素は、原初の「長途遠足」に伏在していた主題が形を変えて生き残っているものといえる[3]。

　では、現在の高校での実態はどうであろうか。

　遠足については、人間的ふれあいの機能が重視され、学年初めに、クラスの親睦を図る目的で実施する学校が少なくない。遠足をハイキングや登山と規定している学校もあるが、親睦という目的に応じるためには、飯ごう炊さんや軽スポーツやゲームなどの活動を交えた内容にする場合が多い。

　修学旅行についても、その目的の第一義は、人間的ふれあいや思い出作りに置かれている。ある調査は、高校の修学旅行の目的として人間関係を挙げた学校が70％、思い出作り55％（複数回答）という結果を示している。なお、集団生活・公衆道徳も67％の回答を得ている。一方、教科学習の拡充という回答は、36％にとどまっている[4]。遠足や修学旅行において、他の目的にも増して、人間関係の構築が目指されているという事実は、逆に、日常の学校空間において人間関係を深く結んでいくことが困難になっている実態を示している。

　そのことを自覚し、これらの機会を利用して生徒の人間的な成長や生徒どうしの自律的な集団づくりを実現しようという試みもよく行われている。指導要領は明示していないが、それはいわば自主性の育成というテーマである。

　例えば、A校では、遠足と修学旅行の委員を連続させ、遠足の行き先決定や下見、企画を生徒に行わせ、その体験を修学旅行の委員会活動に発展させていく方法をとっている。B校は、修学旅行の行き先決定から生徒を参加させている。委員がいくつかのグループに分かれてプランをプレゼンテーションし、一般生徒の投票によって行き先とプランを決めている。C校では行き先等の大枠は示した上で、グループプラン等の企画・運営を生徒に任せている。活動日のすべてを班別行動とし、バスの運行計画まで生徒の手で調整する。

　守られている学校内とは違い、現実の自然・社会を相手にして、計画し、交渉し、決断し、実行する体験は、多くの生徒を見違えるほど成長させる。どの程度生徒に任せるかは、実態に合わせて考えなければならないむずかしい問題であるが、一部でも自分たちで運営したという体験は、上記の種々の目的を総合する働きを持っている。

　近年、修学旅行において、班別行動と体験学習を取り入れた内容が多くなっ

ている（体験学習の実施率は6割を超える）。このような活動の個性化は、1つには旅行産業側が消費者としての生徒の欲求に応じたものであるが、たんに与えられた選択肢の消費に終わらせず、逆にこれを自主性を育てる機会として利用することが大切であろう。

5　勤労生産・奉仕的行事

　まず、奉仕的行事から見てみよう。「勤労・生産的行事」と表記されていたものが、「勤労生産・奉仕的行事」となったのは、1989（平成元）年版の学習指導要領からである。1999（平成11）年版では、「勤労の尊さや創造することの喜びを体得し、職業観の形成や進路の選択決定などに資する体験が得られるようにするとともに、ボランティア活動など社会奉仕の精神を養う体験が得られるような活動を行うこと」と示され、初めて「ボランティア活動」という用語が使われた。2009（平成20）年版でも引き続き使われた。

　2000年、首相の私的諮問機関「教育改革国民会議」が、「小・中学校では2週間、高校では1ヵ月間、共同生活などによる奉仕活動を行う」と提言し、話題となった。国が法律で奉仕活動を義務づけることに対して、様々な立場から疑問視する声が出、結局義務化は見送られたが、この種の活動への関心はその後も持続し、例えば東京都は、2007年度から全都立高校で「奉仕体験活動」を必修化した。

　奉仕的活動は、一般的には、総合学習やクラブ活動、生徒会活動のなかで行われることが多い。清掃、募金、障がい者・高齢者・児童幼児との交流などの活動例がある。A校では、それまで行ってきた校内清掃・除草活動を学校周辺まで広げる活動を総合学習のコースの1つに取り入れた。B校では、生徒会を中心に地域の公園の清掃を続けている。C校では、有志によるチャリティーマラソンを実施し、走った距離1キロ当たり1円の寄付を生徒や保護者、企業などから募り、発展途上国の学習支援のために寄付している。D校では、ボランティア部を中心にチェルノブイリ被災者支援活動に参加し、来日時の手伝いや現地訪問への参加などを行ってきた。E校では、美術部と文芸部が市と協力して人権啓発絵本を作成して配布している。生徒会やクラブでの活動は、年度を超えて継続する例が多く、また、経験者は卒業後も何らかの形でボランティア活動に関わっている例が見られる。

奉仕かボランティアかという議論がある。すべての人間が行うという点に意義を見る立場があり、一方で、自発性こそ本質的に重要なことだと考える立場がある。ここには、強制から自主性をいかにして育てるのか、という問題、また、社会の側から発想するのか、個人の側から発想するのか、といった教育の根本問題も含まれている。

さて、次に、職業観や進路選択に関する活動について見てみよう。高校は将来の職業に直接つながる進路決定の段階であり、様々な形で、職業の現場や上級学校を訪問する機会が設けられてきた。指導要領解説も「上級学校や職場の訪問・見学」を勤労生産・奉仕的行事の例として挙げている[9]。

F校では、看護師志望者に対し、病院での体験実習を行ってきた。ばくぜんとした志望に過ぎなかったものが、実習を通じて、積極的で明確な志望に変化する例は少なくない。その他、保育の体験実習、企業での体験実習を行う学校も多い。

大学や専門学校のオープンキャンパスは、高校生が進学先を決める上で重要な役割を果たしてきている。G校では、進路について考える総合学習の一環として、いくつかのオープンキャンパス・学校説明会に参加してレポートを提出することを課題としている。また、大学の研究室が高校生の訪問を積極的に受け入れ、研究の実際をじっくりと体験してもらおうとする試みもある[10]。このような学校訪問を修学旅行の計画のなかに組み入れている学校もある。

このように、自分の進路を考えたり、社会的な問題に目を向けたり参加したりする活動は、独立した単一の行事のなかで行われるというよりも、教科、進路指導、自治活動等と関連して、様々な規模と形式で実施されているのが実態である。表面的な活動に終わらないために、生徒の関心をうまく引き出し、やりがいを残せるような方法とタイミングが要求される。

注
1) 日本修学旅行協会『修学旅行のすべて2000』日本修学旅行協会、2000年、170-181頁。
2) 岩波書店編集部『近代日本総合年表　第四版』岩波書店、2001年、107頁。
3) 文部省（現文部科学省）『高等学校学習指導要領解説　特別活動編』東山書房、1999年、80-82頁。
4) 日本修学旅行協会『修学旅行のすべて2000』日本修学旅行協会、2000年、107頁。
5) 日本修学旅行協会『修学旅行白書2007』日本修学旅行協会、2007年、407頁。

6)　『教育改革国民会議報告：教育を変える17の提案』2000年12月。
7)　「平成19年度都立高等学校における教科「奉仕」の授業計画について」http://www.kyoiku.metro.tokyo.jp/press/pr070111h.htm、2007年11月4日。
8)　「第6回朝日のびのび教育賞」http://www.asahi.com/shimbun/award/edu/rec2004.html、2007年11月4日。
9)　文部省（現文部科学省）『高等学校学習指導要領解説　特別活動編』東山書房、1999年、82頁。
10)　「Visit 東大理学部プログラム」http://www.s.u-tokyo.ac.jp/event/visit/、2007年11月4日。

第4章 高校部活動の指導

1 高校部活動の位置づけ

　高等学校における部活動は、中学校部活動と同様に、「教育活動の一部として、スポーツや文化・芸術・社会的活動などに興味や関心を持つ同好の生徒が、顧問教師の管理・指導のもとに、主として放課後などに自発的・自主的にその活動を行うもの」である。

　とりわけ高校段階での部活動は、中学校部活動と比べてみても、マスメディアでの取り扱われかたなど、社会的にみてその存在感が大きい。毎年春夏に甲子園球場で行われる高校野球大会（春の全国選抜高等学校野球大会や夏の全国高等学校野球選手権大会）、正月に行われる全国高等学校サッカー選手権大会、冬季の全国高等学校駅伝競走大会などは、テレビでも全国放送され、経過や結果、渦中の生徒や指導者がマスコミを賑わし、季節の風物詩としても語られるほどである。それは中学校部活動と比べたときの、各活動種目の技術的水準の高さがちがいとして大きい。いくつかの競技においては、高校生が一般人・社会人も混じる舞台で堂々と渡り合う姿もしばしばみられる。それゆえに社会的な関心も集めたり、さまざまな分野での優れた若き人材が輩出されたりもする。

　このような高等学校部活動も、中学校部活動と同様に課外活動としての位置づけとして、2009年まで学習指導要領に記載されなかった経緯があった（「中学校・部活動の指導」参照）。ゆえに、そもそも部活動に参加するのも、あくまでも生徒の任意にすぎない。さらに、高校は、進学率が97％をも越える2010年現在においても、義務教育ではない。それでもなお高校生の多くが参加している現状がある。たとえば西島らの高校生調査では、全体で68.0％（男子63.5％、女子73.9％）の部活動加入率が示されている。引退や退部などがあるためその分を考慮すると、82.7％の生徒が加入経験をしている。中学生ほどではないにせよ、かなりの割合の高校生にとって、部活動は高校生活の一部として大きく占めている。

2　高校部活動の歴史と実態

　歴史的にふり返ると、明治期の旧制高校（現在の大学にほぼ相当する）ではスポーツ文化の振興として部活動が栄えた。その流れを文化的な背景として持ちながら、戦後新教育制度が確立する中で、生徒の自由なスポーツ・研究活動を学校が助長する形で部活動は展開していった。その後、戦後復興と高度経済成長の発展のなかで、市民意識の高まりもあり、東京オリンピックの開催（1964年）などの国民的なスポーツ振興の気運を追い風に、部活動は運動部の代名詞であるかのごとく、日本中の中学校・高校で盛んになっていった。

　高校部活動は、中学校部活動に比べても、その競技種目はさらに広い分野で多様になる。中学校では、いわばおなじみの主たるスポーツ種目や文化系活動が全国の各中学校で広く見受けられるのに対し、高校では各地域の事情も反映して、さらに多くの多彩な活動が部活動として行われている（表Ⅳ-4-1参照）。

　このようなスポーツ活動に対しては、「(財) 全国高等学校体育連盟」(略称"高体連")や、「(財) 日本高等学校野球連盟」(略称"高野連")の全国組織が、全国の高校を束ねて、その活動を支援している。「インターハイ」(全国高等学校総合体育大会。別称"高校総体")や先にあげた高校野球など、生徒たちの目標となるイベントは高校部活動の隆盛を大きく支えている。

　また、文化系部活動においては、「(社) 全国高等学校文化連盟」(略称"高文連")主催で、全国高等学校総合文化祭（18の公式部門と各県が独自に開催する協賛部門からなる）が毎年行われ、全国から約2万人の高校生の参加が見込まれている。

　実際には、こうした全国組織に加盟するに至っていない少数派の部活動も各地には多くあると推測される。このような高校部活動の多彩さは、それだけ日

表Ⅳ-4-1　高体連加盟のスポーツ競技の種目

｜陸上｜体操・新体操｜水泳（競泳）（飛込）（水球）｜バスケットボール｜バレーボール｜卓球｜ソフトテニス｜ハンドボール｜サッカー｜ラグビーフットボール｜バドミントン｜ソフトボール｜相撲｜柔道｜スキー｜スケート｜ボート｜剣道｜レスリング｜弓道｜テニス｜登山｜自転車競技｜ボクシング｜ホッケー｜ウエイトリフティング｜ヨット｜フェンシング｜空手道｜アーチェリー｜なぎなた｜カヌー｜少林寺拳法

（出典）（財）全国高等学校体育連盟ホームページより。

本の学校社会が生徒の文化・スポーツ活動を幅広くカバーしている特徴を表している。

3　高校部活動の指導・運営上の特質

　高校生にもなると、その成長の著しさや、各技能の上達もめざましく、高校部活動での活動レベルは成人と比べても遜色のないほど高度なものが期待できる。その意味では、顧問教師や指導者にとっては、取り組む甲斐もまた大きい。
　とはいえ、中学校部活動と同様に、学習指導要領に記載されていなかったことから生じる問題が、顧問教師の独創性や独善性（独りよがり）を生み出してきた状況は変わりない（中学校部活動の章を参照）。そのことは、顧問教師の部活動指導にもさらなるレベルが要求され、それに応えようとする教師には技術指導上の悩みや多忙問題などの負担にもなっていく実情がある。
　さらに、高校部活動の顧問教師や指導者には、中学校部活動での指導以上の体力と高度な技術を求められることと同時に、発達著しい成長期にある中学生・高校生には、故障やケガなどの危険性も中学生と同等かそれ以上に出てくる。すなわち、安全指導や危機管理の意識と手立てがより一層必要となる。
　一方、高校部活動を指導・運営していく上では、その文化的特性もまたより顕著に見受けられるものとして注目しておきたい。いわゆる体育会系文化、運動部文化として、取り上げられるものである。その部活独特のしきたりや慣例、価値観や考え方など、その集団の凝集性を高め、集団としての目標到達のための装置としての役割を果たす。たとえば、先輩・後輩のタテの人間関係を色濃くしていくことにもつながっており、それを"旧きよき日本社会の特質である"ということもできるし、現実には一般社会のなかでも今なお体育会系文化を肯定的に認める風潮も十分に残っている。ただし、それもまた過度に生徒への負担や障壁となるようでは問題である。悪しき根性論や精神論を強調しすぎる弊害、部内の人間関係に対する指導にも心配りをする必要があるなど、顧問教師や指導者にこそ、大人としての集団のあり方を示し育てていく意識が必要である。
　さらに2009（平成21）年版高等学校学習指導要領では、部活動について高等学校教育の一環として教育課程上の関連事項として記されることになった。その結果、生徒の自主的、自発的な参加を基本にするが、① スポーツや文化及

び科学等に親しませ、学習意欲の向上や責任感、連帯感の涵養、互いに協力し合って友情を深めるといった好ましい人間関係の形成等に資するものであるとの意義、②学習したことなども踏まえ、自らの適性や興味・関心等をより深く追求していく機会として、その大切さを認識するよう促された。

地域関連機関や施設との協力や協調にも配慮しつつ、「生徒が参加しやすいように実施形態などを工夫するとともに、休養日や活動時間を適切に設定するなど生徒のバランスのとれた生活や成長に配慮することが必要」であると記されたことは、中学校部活動同様に今後の高等学校の運営において、さまざまな学習活動や学校行事との接近や組み合わせが予想される。

4 高校部活動の本分と課題

中学校部活動と同様に、近年顕著になってきた日本社会の少子高齢社会化問題は、大きな課題を高校部活動にも投げかけている。生徒数減少は部員数減少となり部活動存続を危うくする。教員の高齢化は、部活動指導運営を難しくし、顧問教員不足や指導者の人材難を生んでいる。「合同部活動」「外部指導員制度」「社会スポーツへの移行」など、取り組まれている対策は、中学校部活動に対するそれと同様である（詳しくは中学校部活動の章を参照）。

一方、高校部活動特有の問題としては、高校卒業後に社会人としての就職や、大学等への進学といった進路問題との関連が別途課題として出てくる。スポーツや文化・芸術活動はまた、生徒個人の資質や能力の開花の一つとして、当人のその後の生き方へとつながっていく糧にもなる。まさに生涯スポーツや文化活動など、人生の幅と彩りをもたらしてくれる、人間にとって価値の高いものである。その意義の大きさがまた、さまざまな問題を引き起こすこともある。

2007年、社会問題ともなった「特待生制度問題」は、野球を得意とする高校生が、そのことを要件として高校進学やその他の便宜を図られていた実情が、高野連「日本学生野球憲章」における野球部員であることを理由とした第三者から金品を受け取ることの禁止に違反する嫌疑によって社会的な議論を呼んだ。議論と試行を重ねた末、高野連では2012年度以降「各学年5人以下が望ましい」といった条件付きで正式に容認していくことを決定した（2010年12月）。多くの特待生が実在する現実が制度を変えたわけだが、この他にも野球留学や相撲留学と呼ばれる一見いびつにも見える進学の構造、あるいは外国人留学生選

手の参加の問題なども、場合によっては「競技力」向上の名に隠された勝利至上主義の悪しき事例として、依然として社会的な問題としてあり続けている。これらは、私立高等学校などにおいては、学校経営上の手段として部活動を有力な対外的宣伝活動とみなし、積極的な投資策を弄してきた結果であることから、簡単に一掃できる問題でもない。高校生にとっての部活動という活動の経過や成果が、社会的な意義を大きく持つからこそ、社会とのつながりのなかで、本来の教育的意義が歪められたり損なわれることにもなっている。高校部活動に対して指導や管理にあたる者にとっては、教育者としてそのことへの関心と注意が必要であり、それによってこそ、学校教育の一部として機能してきた日本の学校部活動のよさが保たれていく。

　高校は社会への出口としての側面も持つ以上、中学校部活動以上に、生涯スポーツや市民スポーツ、各種文化・芸術活動とのつながりや展開が望まれる。卒業し、学校生活を終えていく一人ひとりの若者にとって、その後つづく生涯にわたっての生活を彩る素地を形成するという部活動の基本的な役割は、大前提として忘れてはならない。

注

1) 文部科学省『文部科学統計要覧平成22年版（2010）』2010年、より。
2) 西島央編『部活動　その現状とこれからのあり方』学事出版、2006年、22頁。
3) 昔から中学・高校の部活動は多くのマンガ作品でも描かれ、多くの中高生に影響を与えている。多くのものはそこでの勝利や敗北、熱意や感動を描出する名作があるが、例えば小林まこと『柔道部物語』（全7巻、講談社（講談社漫画文庫）、1999年）は、高校柔道部活動の競技性と同等にその"特有な"文化的側面も巧に描き出しており、秀逸なエスノグラフィー（民族誌）としての評価もできる。

参考文献

文部科学省『平成21年版高等学校学習指導要領』2009年。
西島央編『部活動　その現状とこれからのあり方』学事出版、2006年。
舛本直文「学校運動部論――『部活』はどのような身体文化を再生産してきた文化装置なのか――」、杉本厚夫編『体育教育を学ぶ人のために』世界思想社、2000年。
岩波書店編集部『部活魂！』岩波書店（岩波ジュニア新書）、2009年。
江刺正吾・小椋博編『高校野球の社会学　甲子園を読む』世界思想社、1994年。(財)全国高等学校体育連盟ホームページ（http://www.zen-koutairen.com）。

第Ⅴ部
諸外国の特別活動

第1章 アメリカの特別活動

　日本における「特別活動」の名称は、CIE（連合国軍総司令部民間情報教育局）の中等教育担当官が示唆したSpecial Curiccular Educationの訳語として「特別教育活動」が定着したことに由来を持つ。アメリカ合衆国においては、州や学区、学校によって差異があるが、日本の特別活動にあたるものとしては、中等教育学校の多くでは、教科外活動（extra-curricular activities）が行われている。教科並行活動（co-curricular）などとも呼ばれている。それは、州の教育課程基準（standards, frameworksなど）のなかには登場しない。

　クラブ活動としてはスポーツ系（野球、バスケットボール、チアリーディング、フットボール、体操、ホッケー、ラクロス、サッカー、水泳、テニス、バレーボールなど）、文科系（コンピューター、ディベート、化学、ジャズ、合唱、学校新聞など）、社会的活動（教会、ボランティア、コミュニティーサービス活動）などを含む。シーズン制がとられ、1年中同じ活動でなく、季節に応じてスポーツなどを楽しむことがある。

　それは、自分を知ること、成績を上げること、学校に参加し帰属意識を高めること、教育への動機づけへと結びつくものとされる。多くの高校では、教科外活動参加のためには学業成績（平均点、単位数）が要求され、一定の成績をあげていなければ参加を続けることができなくなる。授業への遅刻、欠席をしていると教科外活動への参加が許されないこともある。教科外活動は生徒にとって「権利（right）」ではなく「特権（privilege）」として位置づけられている。

　それは、よき市民（citizen）となる機会とされ、法令やクラブの規則の遵守が求められ、アルコール、タバコ、新入生いじめなどは禁止されている。違反者には参加が停止される。

　生徒会（student council, student government）があるが、委員は選挙で選ばれる。委員は学校に関する意見を述べる、リーダーシップ能力を身につける、イベントを企画する、クラスの代表として奉仕する、といった役割が与えられる。

　1980年代に合衆国連邦最高裁は、生徒会及び学校新聞にかかわる生徒の権利をめぐって2件の判決を出している。1つはBethel School District No403 v.

Fraser事件であり、生徒会活動の集会において、多くが14歳の生徒の前で性的な隠喩を含んだ発言をした生徒を「混乱をまねく行為規範（disruptive-conduct rule）」に反するとして停学処分に付せられたことケースである。多数意見では、「公教育の目的は民主的な政治システムの維持に必要な基本的価値を教え込む」であり、「民主的な社会で不可欠な礼節あるならわし、作法には、異なった政治的宗教的な見解に対して、たとえ一般的でないやり方で示されたとしても寛容であることを当然含む。しかし、これらの"基本的価値"は他社の感受性をも考慮しなければならない」として処分を是認した[3]。もう1つはHazelwood School District v. Kuhlmeier事件であり、教育委員会の費用で出されている学校新聞において、「生徒の妊娠（匿名であったが本人を特定しうる）と、両親の離婚」についての記事を校長が削除したケースである。多数意見では、学校が援助をしている出版物では「文法的に誤りのある、下手な、不十分な調査に基づいた、偏見のある、下品な、未成熟な読者にとって不適切な表現活動」を削除できるとし、「正当な教育的配慮と合理的な関連のある限り」生徒の表現活動のスタイル、内容に編集コントロールを行使できると述べ、校長の行為を合理的なものと説示した[4]。

注

1) 飯田芳郎『生徒活動』高陵社書店、1955年、44-45頁参照。
2) See, Jacquelynne S. Eccles, Bonnie L. Barber, "Student Council, Volunteering, Basketball or Marching Band : What Kind of Extracurricular Involvement Matters?"(*Journal of Adolescent Research*, Vol. 14, No. 1, 1999, pp. 10-43).
3) 478 US 675 (1986).
4) 484 US 260 (1988).

参考文献

島田啓二『H. C. マッコーンの教科外活動理論におけるガイダンスに関する研究』学文社、1999年。
平井肇「ハイスクール・スポーツ・イン・USA」江刺正吾・小椋博編『高校野球の社会学』世界思想社、1994年、201-227頁。
吉田正晴他「各国の〈特別活動〉に関する研究」中国四国教育学会『教育学研究紀要』第37巻第1部、1991年、273-284頁。

第 2 章　イングランドにおける特別活動

　イングランドの義務教育は5歳から16歳で、初等学校（2年間のKS（キー・ステージ）1と4年間のKS2）と中等学校（3年間のKS3と2年間のKS4）に区分されるが、厳密には入学時期の相違などにより在学期間に個人差が発生する場合もある。イングランドの教育課程（ナショナル・カリキュラム）には、特別活動（直訳するとスペシャル・アクティビティか）という名称の授業はないが、日本の特別活動の内容である学級活動、児童会・生徒会活動、クラブ活動、学校行事は、イングランドの学校においても行われている。しかし、活動内容や実施方法に関しては日本のそれらと比較して異なる点も多い。

　初等学校・中等学校ともに学級・学年・全校単位の集会（アッセンブリー）を頻繁に開催している。集会では、人権や歴史など集団学習に適切な内容の学習、学芸の発表、優れた学習成果・品行に対する表彰などが行われる。メインテインド・スクール（地方当局管轄下の公立学校）では、1998年学校標準・枠組法により、集会の一部として、日々のコレクティブ・ワーシップ（超宗派的キリスト教の礼拝）が導入されている。ただし保護者は学校に対して自分の子どものワーシップ不参加を要請できる権利を持っている。また、在校生の宗教的背景などを考慮してコレクティブ・ワーシップの実施が不適切であると判断される場合には、校長は地域の宗教教育に関する独立援助審議会の許可を得て、ワーシップを導入しないことができる。

　スクール（ステューデント）・カウンシルは学級で選出された代表委員から構成される審議会で、意見を表明する力、審議をまとめて活動内容や方針を決定する力、リーダーシップなどの養成を目的としている。学校はスクール・カウンシルの委員に対して、学校の運営方針に関して意見を提出することを奨励しており、そのような意見が実現化されることも多い。初等学校においてはスクール・カウンシルの参加資格を全学年ではなくKS2からとしている場合もある。

　初等学校・中等学校の多くはスポーツ、音楽、ドラマ、文芸、コンピューターなどのクラブ活動（放課後活動）を導入しているが、その活動内容や規模など

には学校間格差が見られる。特記すべきは、ホームワークと外国語学習に関するクラブ活動であろう。前者は宿題に関して家庭での支援を得られにくい子どもを対象に支援を行うことを目的とするものである。後者は子ども（または家庭）の母国語の学習を主な目的とするもので、移民の子どもが多く在籍する学校では、多数の言語の学習機会が設定されている。これらの指導は、非常勤の教師が担当するのが一般的である。

　イングランドの学校においても、学芸的行事、健康安全・体育的行事、遠足・集団宿泊的行事が開催されている。学芸的行事の際には募金活動（ファンド・レイジング）が実施されることが一般的で、募金は学校の設備拡充や被災者への寄付に用いられる。健康安全に関することとしては現在、給食の内容改善（カロリー過多や栄養の偏りの見直し）が全国的に行われている。子どもたちの美術館、博物館、劇場、文化遺産への訪問は政府、地方当局、施設自体から奨励されている。ロンドン市内には、近隣の施設の豊富さや利便性を活用してこれらの施設への訪問回数を学校方針で規約している学校もある。イングランドの学校のホームページに掲載されている年間計画や実施後の報告などには、入学式、卒業式などの儀式的行事に関するものはほとんどない。集会の際に学期・学年の目標確認や反省、子どもや教職員の歓迎会・歓送会を開催する程度と推察される。

　イングランドの教育課程に存在するパーソナル・ソーシャル・ヘルス・エデュケーションやシチズンシップなどの学習目標は、日本の特別活動の目標に関連するものといえよう。前者は必修教科ではないが、子どもの健康と幸福を促進することを目的として、KS1から導入している初等学校が多い。後者は中等学校における必修教科である。市民教育、経済教育、職業教育に関して、理論的学習と併行してボランティアなどの実践的活動も設定されている。

　保護者と学校の連携は子どもたちの学業向上に影響を与える重要な要因として、イングランドの学校においても重視されている。イングランドにおいては保護者、学校の間に責任分担の関係が見られ、双方に責任説明を課すために入学時に契約を交わす学校もある。

第3章　ドイツにおける特別活動

　これまで日本では、ドイツの学校には教科外活動はほとんどないといわれてきたが、最近の研究によると、カリキュラムや公的文書のなかに必ずしも明示的ではなかったものの、各教員や各学校の草の根的努力によって、日本の特別活動に類する活動が行われているという実態が明らかになってきた。[1]

　まず学級活動に類する活動としては、朝の輪（Morgenkreis）と学級会（Klassenrat）がある。朝の輪は日本の学校の朝の学活に相当するもので、授業に入る前に、週の計画や目標について伝達する、祝日のいわれについて説明する、誕生日を迎える生徒がいればお祝いの言葉を贈る、生徒にスピーチの機会を与えるという時間である。金曜日の朝には週の目標が達成できたかどうかを反省し、また学級が抱える問題について討論することもある。学級会では、学級代表（Klassensprecher）を決める、学校行事の準備をする、学級が抱える問題について討論するなどの活動を行う。中等学校になると、さらに学級代表が生徒議会で発表する意見を取りまとめ、また、「争いの調停プログラム」を使って学級の諸問題を解決する方法論を学ぶこともある。

　次に、児童会・生徒会活動に類する活動については、多くの学校において、学級代表を選出し、日本の児童会・生徒会に類する生徒協議会（Schülerrat）において学級代表が集まり、各学級から出された意見や要望について審議し、あるいは学校行事やプロジェクト活動の計画や運営を行う、学校生活に規律をもたらすルール作りをする、生徒新聞を発行するなどの活動を行っている。そのほか、争いごとを仲裁するピアサポート活動である仲裁活動（Mediation）も広く行われており、多くが生徒協議会の枠組で運営されている。これらの児童会・生徒会活動に類する活動は、生徒の学校生活への参加意欲を高めるとともに、これらの活動を通して民主主義的行為を実践的に修得させることを目指している。

　次に、学校行事に類する活動については、日本と同じような修学旅行や学校祭などが様々に行われている。なかでも特徴的なのは、プロジェクトデー・プロジェクトウィークという行事であり、社会性を育成するためのドイツ特有の

実践的プログラムを行うものである。差別に対するプロジェクト・争いごとを調停するプログラム・社会的弱者との共存を目指すプロジェクトなどのテーマに基づいて生徒が集中的に活動するもので、実践例を見るとその内容は予防教育的な活動（差別撤廃、葛藤解決、暴力予防、薬物中毒予防）・健康安全・多文化・環境・芸術など多岐にわたる。

　修学旅行に相当する活動は、生徒旅行（Schülerfahrten）もしくは学校旅行（Schulfarhrten）という名称で、広く実施されている。ベルリン州教育省の発行する手引書では、その目的を以下のように記している。「学年および学習グループごとに実施する生徒旅行は、学校教育活動を構成する重要な要素である。これによって、教育目標を追求し、学年全体を１つにまとめる教師の可能性が強まる。また生徒旅行は、直接、見たり体験したりすることによって、学んだことを深め、知識を新たにするための糸口となり、これによって授業が補完される」[2]。

　最後に、クラブ活動としては、スポーツ・音楽・演劇・ダンス・工芸・園芸・ゲーム・料理などの活動が提供されている。クラブ活動が盛んになった背景として、2000年以降に終日学校が運営されるようになり、学校ソーシャルワーカーが活動を開始し、クラブ活動が学校局によって指定された学校時間の枠内に位置づけられたことが重要である。クラブ活動が実施されているのは、生徒に創造力・芸術的能力・運動能力など多様な能力を伸ばす機会を与え、ピア集団とのかかわりのなかで社会性を育み、さらに学校生活を魅力的なものにするためである。

注

1）　武藤孝典・新井浅浩編著『ヨーロッパの学校における市民的社会性教育の発展——フランス・ドイツ・イギリス——』東信堂、2007年。

2）　Senator für Schulen, Berufsbildung und Sport, *Alles was Recht ist*, 2000/2001（ベルリン州教育省「すべての正しいこと——父母代表および生徒代表のための手引き書——2000/2001年度」武藤孝典氏訳出による）。

第4章 フランスの特別活動

1 フランスの小学校における特別活動

フランスの小学校（5年制）において、1、2年生では「ともに生きる」、3〜5年生では「共同生活」という話し合い、討論の時間が週0.5時間割り当てられている。[1]

「ともに生きる」では、「集団生活の規則に適合する」「同級生や大人と会話する」「他者のいうことを聞く、すぐに聞くのをやめないようにする」「協力する」といったことを学ぶ。学習指導要領にも「校則が小学校の最初の新学期には提示されなければならない。そして、教師は学級生活の規則を集団でつくらせる。」とあり、学校共同体に必要なルールについて知り、自分たちの学級のルールを自分たちで作ることも学ぶ。

3〜5年生においても「学校生活に十分に参加する」ために「学校生活における問題について考える」時間がある。「同級生と議論することを学ぶ」、「他人との違いを尊重すること」が強調され、「礼儀」「市民精神」「暴力の拒否」といったことがいわれる。

児童会の設置は法的に義務付けられてはいないが、学校において学級代表者会（réunion de délégués de classes）などという名称の会が設置されているところもある。学級での話し合いの時間に出された問題を、全校の代表で議論する場に提出する機会が設けられている。筆者が見学したロレーヌ県モンテギュ小学校では「サッカーのゴールのペンキを塗り替えてほしい」「休み時間の終わりのベルが聞こえない」「トイレのドアの鍵を修理してほしい」などと、各学級代表の児童が校長同席の場で提案を行った。[2]

2 フランスの中学校・高校における特別活動

フランスの中学・高校では「ホームルーム（学級生活）の時間」が月に一度

設けられている。そこでは「学級委員会にかかわること」「学級、学校における集団生活、人間関係にかかわること」「学校における学習にかかわること」「進路指導にかかわること」「学校行事、文化活動、その他にかかわること」といったことがテーマとなる。[3]

　生徒会活動にあたるものに関しては、各学級で正委員2名、補欠委員2名の代表を選出する。学級代表は学級委員会（各学級で担任や生徒指導専門員、親代表とともに、学級生活や一人ひとりの学業の状況などについてがテーマとなる）や代表者会議（各学級の代表が集結して、学校での生活、学習にかかわって議論する）で発言する。

　学級代表のうち中学で3名、高校で5名は学校管理委員会にも出席し、学校予算、決算、学校教育計画、校則、教科書採択といった重要な事項の話し合いにも大人に交じって参加する。高校では学級代表のうち3名と生徒から直接選挙された7名が「高校生活委員会」を構成する。それは例えば校則の改訂の要望を出すことなどが行われる。

　高校生活委員のなかから大学区高校生活委員会委員が選ばれる。大学区とはいくつかの県で構成される地方教育行政単位である。そのなかからさらに、中央高校生活委員会の委員、さらに中央教育審議会（Conseil Supérieur de l'Éducation, CSE）の委員に高校生枠が3名あり、その委員が選出される。[4]高校生代表が大学区、さらに国の審議会にまで参加するシステムとなっている。

　クラブ活動にあたるものとして、中学では「社会的活動のホワイエ（家）(foyer socio-éducatif)」と呼ばれるものがあり、例えばGabriel Fauré中学では映画クラブ、演劇部、ヒップホップ部、新聞部、サッカー部、バスケット部がある。活動日は週1回程度である。高校では「高校生の家（Maison des lycéens)」と呼ばれる。人格形成や市民性、責任、創造性を身に付ける場として位置づけられている。

注
1) *B.O.*, hors-série no. 1, 2002, pp. 40-41, 49-50, 64-66, 71-72. なお、2008年に発表された学習指導要領改訂により、「ともに生きる」「共同生活」の時間は廃止されることとなった。*B. O.* no. 3, 2008, pp. 26-27.
2) 筆者による2004年3月16日の聞き取り。
3) 大津尚志「フランスの高校におけるホームルーム（学級生活）の時間」『高校生活指導』第163号、2004年、114-120頁。

4) Damien Durand, *Délégué Flash, Édition 2005*, CRDP académie de Grenoble, 2004, pp. 112-113.

参 考 文 献

ピーエル・ジュルダン（小野田正利・入山知昭・長崎寛訳）『フランスの中学生』2002年、大阪大学人間科学研究科・教育制度学研究室。

『フランス共和国の小学校「プロジェ」とコレージュ「学級生活の時間」に関する調査研究』科研費報告書（研究代表者、新井浅浩）、2005年。

山田真紀「フランスの学校における教科外教育」武藤孝典・新井浅浩編『ヨーロッパの学校における市民的社会性教育の発展』東信堂、2007年、119-138頁。

小野田正利「生徒の自治と親の学校参加」フランス教育学会編『フランス教育の伝統と革新』大学教育出版、2009年、221-229頁。

第5章 韓国の特別活動

　韓国では、幼稚園から小・中・高等学校に至るまで、教育課程の基準は国家水準で定められ、文書で告示される。それは各市・道教育庁の「地域水準の教育課程」として編成・運営の指針が作成・提示され、各学校の教育課程によって運営・実践されている。現行の「特別活動教育課程」は、「2007年改定教育課程」(教育人的資源部告示第2007-79号) に提示されている。従って、韓国の小・中・高等学校における特別活動については、国家水準の「特別活動教育課程」を考察することで把握できる。本章では、国家水準の「特別活動教育課程」及び、その具体化された事例である特別活動の年間計画案を紹介したい。

1　国家水準の「特別活動教育課程」の構造

　国家水準の教育課程は、小・中・高等学校の教育目的及び教育目標を達成するため、初・中等教育法第23条第2項に依拠し、教育部長官が文書にて告示した教育内容に関する全国共通の一般的な基準を言うものである。現行の「初・中等教育課程」は、「国民共通基本教育課程」と「高等学校選択中心教育課程」という2元体制に構成されている。「国民共通基本教育課程」は、小1から高校1年までの教育課程として教科、裁量活動、特別活動の3領域に編成されており[1]、高2～3年の2年間は「高等学校選択中心教育課程」の教科と特別活動の2領域に編成・運営されている。

2　国家水準の「特別活動教育課程」の内容

　国家水準の「特別活動教育課程」の内容は、①性格、②目標、③内容（内容体系と領域別の目標と内容）、④教授・学習方法、⑤評価と構成されている。それらを要約したものが表V-5-1である。

表V-5-1　国家水準の「特別活動教育課程」[2]

	第7次国家水準の「特別活動教育課程」の内容
性　　格	教科と相互補完的関連のなか、学生の心身発達の調和のために実施する教科以外の活動である。
目　　標	①民主市民の基本的な資質と態度の培養（自治活動）、②自分の問題に対する能動的な解決（適応活動）、③自我実現のための基礎形成（啓発活動）、④共同体意識及び自分価値と自我尊重意識の形成（奉仕活動）、⑤学校・地域社会の一員としての基本資質と態度の培養（行事活動）
領域別内容	①自治活動　協議活動・役割分担活動・民主市民活動
	②適応活動　基本生活習慣形成活動・親交活動・相談活動・進路活動・アイデンティティー確立活動
	③啓発活動　学術文芸活動・保健体育活動・実習労作活動・余暇文化活動・情報通信活動・青少年団体活動
	④奉仕活動　仕事手伝い活動・慰問活動・キャンペーン活動・慈善求護活動・環境・施設保全活動
	⑤行事活動　儀式行事活動・学芸行事活動・保健体育行事活動・修練活動・安全求護活動・交流活動
教授・学習方法	①特別活動時間の配当は生徒の要求と地域及び学校の特性を考慮し、領域間の均衡を維持、②特別活動の領域別活動と下位活動は学校を中心にするが、必要に応じて、学級、啓発活動集団、家庭と地域社会など多様に構成、③特別活動運営計画に生徒の意志を取り入れ構成、④市・道教育庁は施設・設備・資料・プログラムなどの支援及び研究学校を通じた特別活動運営と改善支援
評　　価	①担当教師が随時評価したものを総合し評価、②学校と地域社会の実情、教育目標に合わせた評価、③評価資料に基づいた活動実績、進歩の程度、行動の変化、特技事項などの記録、④生徒の到達度や変化を診断する絶対評価、⑤形成的性格の評価、⑥生徒個人の評価と共に全体集団の成長・発達・変化を評価、⑦生徒評価と共に特別活動プログラムに対する評価

3　「特別活動教育課程」の編成・運営時間

　国家水準の「特別活動教育課程」は、特別活動の時間編成・運営時間について、小学校の低学年（1～3年）の場合、週当たり1時間、高学年（4～6年）と中学校・高校は週当たり2時間ずつ編成・運営するように提示している。特別活動の年間の最低基準時間を見ると、小1年（30時間）、小2～3年（34時間以上）、小4～6年・中1～3年・高1年（68時間以上）であり、高2～3年の2年間は「高等学校選択中心教育課程」の総履修単位140単位のなか、特別活動は8単位を履修することになっている。

4 特別活動の実践事例

　ここで特別活動の実践事例として2007年度のヤンドク中学校の特別活動年間指導計画案[3]を取り上げ、具体化された特別活動について考察したい。

　1）特別活動の目標：健全で多様な集団活動に自発的に参加し、個性と素質を啓発・伸張する。さらに共同体意識と自律的な態度を身に付けることで民主主義のもとでの市民としての基本的な素質を培う。

　2）特別活動の運営時間：年間の特別活動時間は55時間であり、その他の学校の実情による融通性のある特別活動時間を44時間と計画し、合計99時間設定している。領域別の活動時間を見ると、自治活動18時間、適応活動8時間、奉仕活動10時間、行事活動39時間、啓発活動24時間となっている。

　3）特別活動の内容：領域別の具体的な活動の例を上げると、①自治活動では「学級活動としての学校暴力根絶」「学級活動としての公衆道徳遵守」など、②適応活動では「職業の理解及び進路認識教育」「知能適正検査」など、③奉仕活動では「学校周辺の大掃除」「学校周辺のパルヨン山の登山路の清掃」など、④行事活動では「科学の日の行事」「修学旅行及び修練活動」など、⑤啓発活動では「クラブ活動」「学校の祭り（日本の文化祭に該当する）」などが行われている。

　特別活動運営における新動向としては、2009年度の国家水準の教育課程の一部改訂を行い、現行の特別活動と裁量活動の内容間の重複性を解消し、本来の教科外活動としての趣旨を活かすために、両方の領域を統合した'創意的な体験活動'として編成・運営できるようにしている。

注
1） 裁量活動は、第7次教育課程で新設された教育課程の領域として「国民共通基本教科と選択科目学習の深化・補充学習のための教科裁量活動と、学校独自的な教育的必要性及び学生の要求等による汎教科学習と自己主導的学習のための活動」と定義されている。『第7次教育課程——中学校裁量活動の選択科目教育課程』（教育部告示第1997-15号）「別冊16」1998年、12頁。
2） 『中学校教育課程解説Ⅰ（総論、特別活動）』教育科学技術部、2008年より、韓作成。
3） ヤンドク中学校（http://www.yangdoku.ms.kr）の特別活動年間指導計画案。

《執筆者紹介》（執筆順、＊は編者）

＊中谷　　彪（なかたに かおる）	森ノ宮医療大学保健学部教授・大阪教育大学名誉教授	第Ⅰ部第1章
＊臼井　英治（うすい えいじ）	元甲南大学教授	第Ⅰ部第2章
伊藤　良高（いとう よしたか）	熊本学園大学社会福祉学部教授	第Ⅰ部第3章
佐伯　知美（さえき ともみ）	元国際教養大学国際教養学部助教	第Ⅰ部第4章、第Ⅴ部2章
冨田　福代（とみた ふくよ）	大阪教育大学教職教育研究センター教授	第Ⅰ部第5章
＊大津　尚志（おおつ たかし）	武庫川女子大学文学部講師	第Ⅰ部第6章、第Ⅴ部1，4章
黒田　明雄（くろだ あきお）	倉敷芸術科学大学産業科学技術学部観光学科講師	第Ⅱ部第1章、第3章
丸谷　惠子（まるたに けいこ）	元武庫川女子大学文学部非常勤講師・元小学校長	第Ⅱ部第2章、第4章(1)(2)(3)
筒井由美子（つつい ゆみこ）	武庫川女子大学文学部非常勤講師・元小学校長	第Ⅱ部第4章(4)(5)
新里　利和（しんざと としかず）	元沖縄県浦添市立浦西中学校教諭	第Ⅲ部第1章
冨田　晴生（とみた はるお）	豊中市立第十一中学校校長	第Ⅲ部第2章、第3章(3)
丹松美恵子（たんまつ みえこ）	武庫川女子大学文学部非常勤講師・中学校教諭	第Ⅲ部第3章(1)(2)
阪本　昌世（さかもと まさよ）	武庫川女子大学附属中学校・高等学校教諭	第Ⅲ部第3章(4)
太田　洋子（おおた ひろこ）	伊丹市立東中学校校長	第Ⅲ部第3章(5)
矢野　博之（やの ひろし）	大妻女子大学家政学部准教授	第Ⅲ部第4章、第Ⅳ部4章
和井田節子（わいだ せつこ）	共栄大学教育学部教授	第Ⅳ部第1章
熊代　一紀（くましろ かずのり）	岡山県立岡山東商業高等学校教諭	第Ⅳ部第2章
鈴木　昌代（すずき まさよ）	富山県立富山いずみ高等学校教諭	第Ⅳ部第3章(1)
田中　照夫（たなか てるお）	森ノ宮医療大学非常勤講師・元高校副校長	第Ⅳ部第3章(2)
宮下　良治（みやした はるじ）	武庫川女子大学附属中学校・高等学校教諭	第Ⅳ部第3章(3)
桝井　英人（ますい ひでと）	大阪府立生野高等学校教諭	第Ⅳ部第3章(4)(5)
山田　真紀（やまだ まき）	椙山女学園大学教育学部准教授	第Ⅴ部3章
韓　　在熙（はん ぜひ）	常磐会学園大学国際こども教育学部講師	第Ⅴ部5章

特別活動のフロンティア

| 2008年4月30日 | 初版第1刷発行 | ＊定価はカバーに |
| 2013年4月15日 | 初版第4刷発行 | 表示してあります |

	編 者	中 谷 彪
		臼 井 英 治Ⓒ
編者の了解により検印省略		大 津 尚 志
	発行者	上 田 芳 樹
	印刷者	田 中 雅 博

発行所　株式会社　晃 洋 書 房

〒615-0026　京都市右京区西院北矢掛町7番地
電　話　075(312)0788番(代)
振替口座　01040-6-32280

印刷　創栄図書印刷(株)
製本　(株)藤沢製本

ISBN978-4-7710-1949-2

中谷彪・碓井岑夫 編 **生徒指導のフロンティア**	A5判 110頁 定価 1,365円
中谷彪・伊藤良高・大津尚志 編 **教育基本法のフロンティア**	A5判 124頁 定価 1,365円
中谷彪・伊藤良高 編 **学校教育のフロンティア**	A5判 134頁 定価 1,365円
中谷彪・伊藤良高 編 **現代教育のフロンティア**	A5判 114頁 定価 1,365円
中谷 彪 著 **子育て文化のフロンティア** ――伝えておきたい子育ての知恵――	A5判 126頁 定価 1,365円
中谷 彪 著 **1930年代アメリカ教育行政学研究** ――ニューディール期民主的教育行政学の位相――	A5判 520頁 定価 12,075円
中谷 彪 著 **教 育 風 土 学** ――牧畜肉食文化と稲作農耕文化の教育問題――	A5判 202頁 定価 2,100円
ローレンス・A.クレミン著／中谷彪・中谷愛 訳 **アメリカ教育史考** ――E.P.カバリー教育史の評価――	四六判 116頁 定価 1,050円
中谷 彪・小林靖子・野口祐子 著 **西 洋 教 育 思 想 小 史**	四六判 102頁 定価 1,050円
レイモンド E.キャラハン著／中谷彪・中谷愛 訳 **アメリカ教育委員会と教育長**	A5判 136頁 定価 1,365円
中谷 彪 著 **信頼と合意の教育的リーダーシップ** ――『日暮硯』に学ぶ学校経営の真髄――	A5判 168頁 定価 1,785円

==============晃 洋 書 房==============